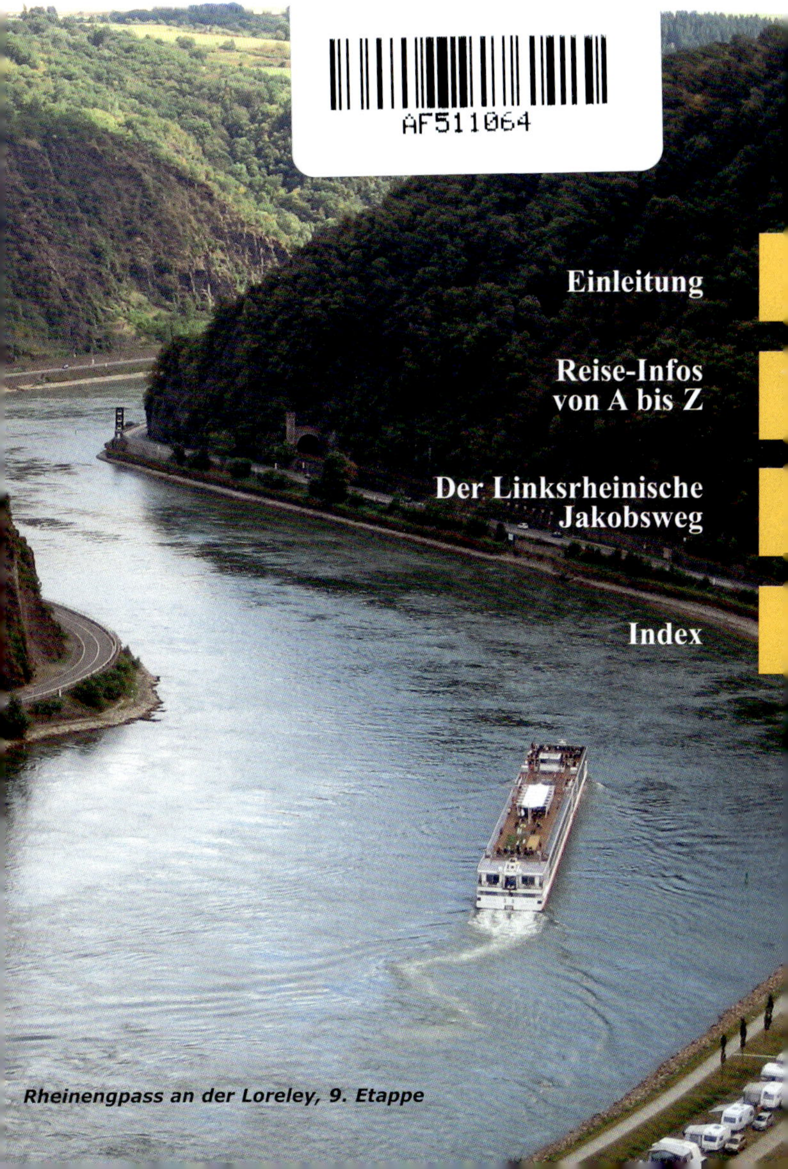

Rheinengpass an der Loreley, 9. Etappe

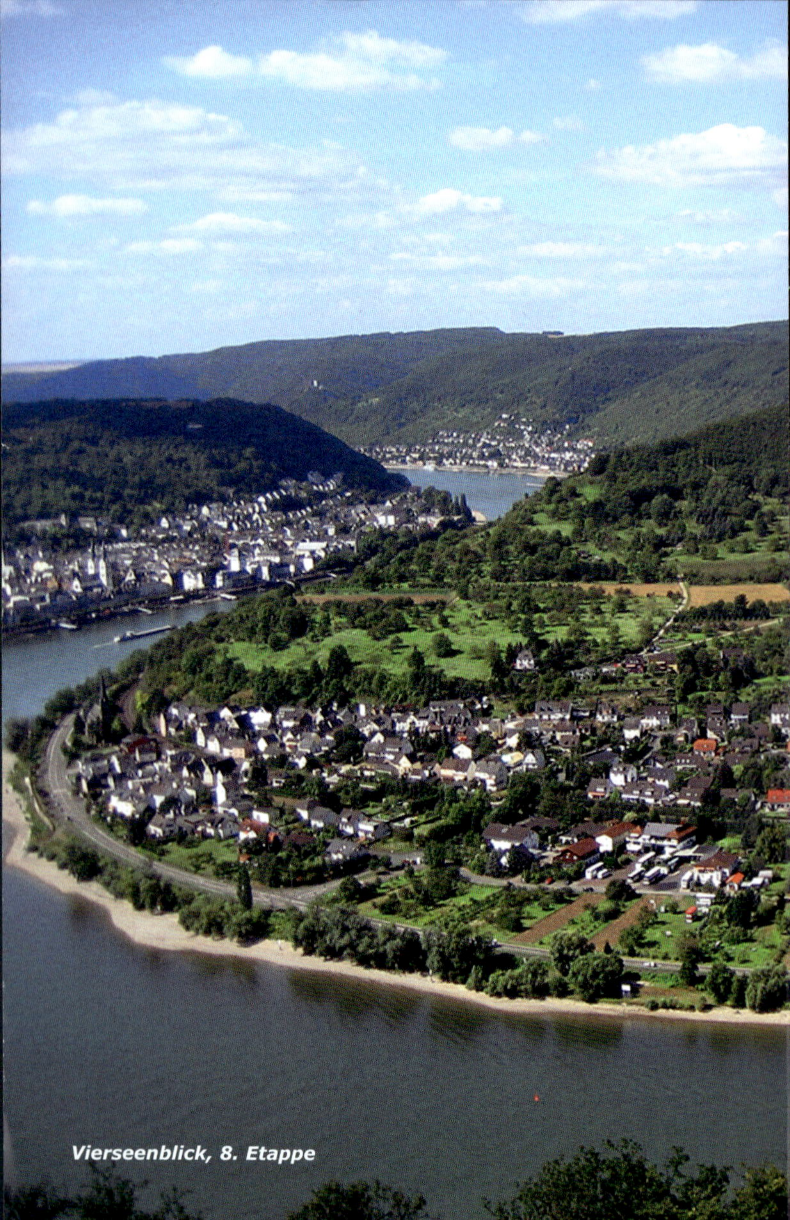

Vierseenblick, 8. Etappe

Band 278

OutdoorHandbuch

Wolfgang Scholz, Franz Blaeser,
Michael Kaiser, Hans Ries

Linksrheinischer Jakobsweg
von Köln nach Bingen

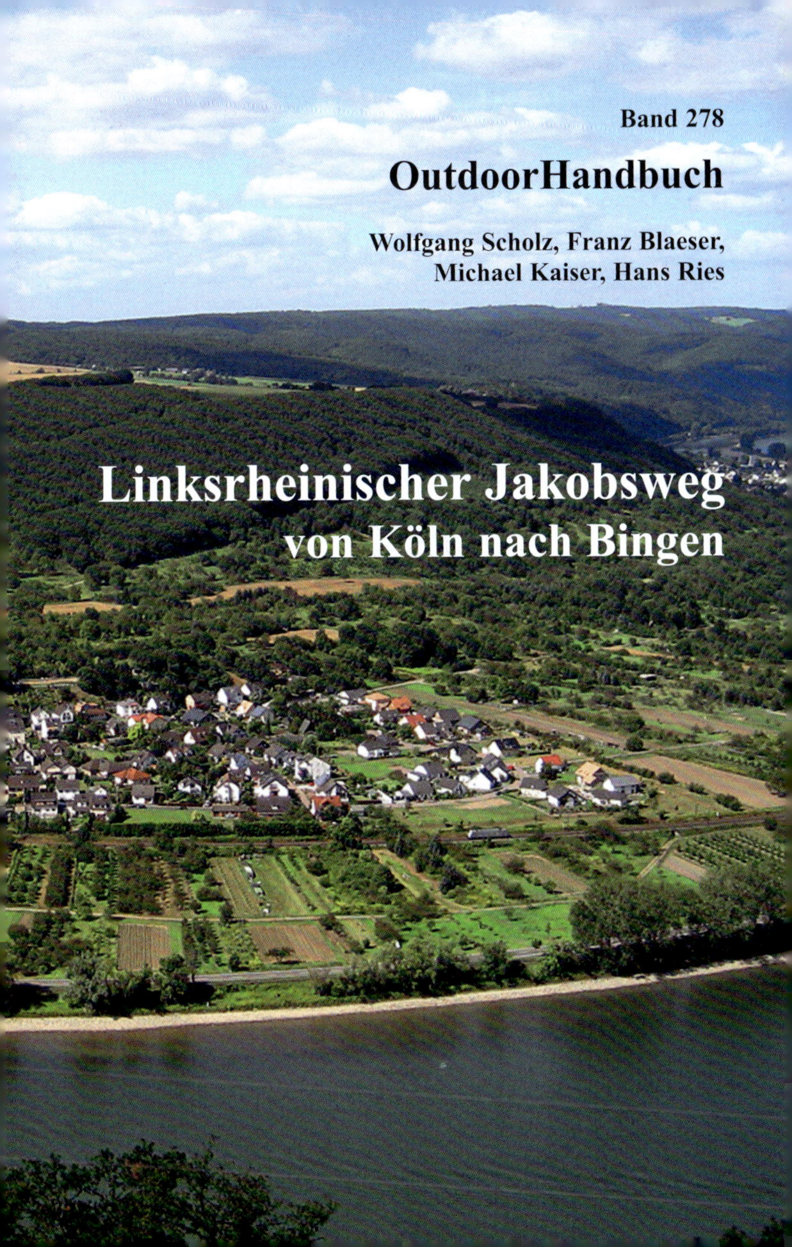

Linksrheinischer Jakobsweg

Dieses OutdoorHandbuch wurde konzipiert und redaktionell erstellt vom:

Conrad Stein Verlag GmbH
Kiefernstr. 6, 59514 Welver
023 84/96 39 12
info@conrad-stein-verlag.de
www.conrad-stein-verlag.de
www.facebook.com/outdoorverlag
www.instagram.com/outdoorverlag

Klimaneutral
Druckprodukt
ClimatePartner.com/53106-2307-1002

Als Outdoor-Verlag sind uns der Schutz und die Erhaltung der Natur seit jeher ein besonderes Anliegen. Auch in Sachen Klimaschutz haben wir eine Vorreiterrolle inne: Wir sind der einzige Buchverlag in Deutschland, der bereits seit 2008 seine Bücher konsequent klimaneutral in Deutschland produzieren und transportieren lässt. Dabei wird nicht nur klimaneutral, sondern auch nachhaltig, d. h. so umweltschonend wie möglich produziert, z. B. durch die Auswahl von umweltfreundlichen Materialien. Die bei der Produktion der Bücher entstandenen CO_2-Emissionen werden durch die Unterstützung von zertifizierten Klimaschutzprojekten ausgeglichen. Jedes Buch wird daher mit dem Logo „klimaneutral“ und einer ClimatePartner-Zertifikatsnummer versehen. Mithilfe dieser Nummer können Sie unter www.climatepartner.com Informationen zu der eingesparten CO_2-Menge und dem Projekt finden, das mit der Abgabe gefördert wird.

Das Engagement des Conrad Stein Verlags wurde im Rahmen des Projekts „Klimaneutraler Buchverlag“ mit dem Westenergie Klimaschutzpreis 2022 ausgezeichnet.

OutdoorHandbuch Band 278

ISBN 978-3-86686-819-9 2., überarbeitete Auflage 2023

Text und Fotos: Wolfgang Scholz, Franz Blaeser, Michael Kaiser, Hans Ries
Karten: Manuela Dastig
Lektorat: Ricarda Kuschma
Layout: Alexandra Sauerland

Gesamtherstellung: AZ Druck und Datentechnik GmbH, Kempten

Dieses OutdoorHandbuch hat 160 Seiten mit 52 farbigen Abbildungen sowie 14 farbigen Kartenskizzen im Maßstab 1:100.000, 12 farbigen Höhenprofilen, 9 farbigen Stadtplänen und einer farbigen, ausklappbaren Übersichtskarte.

Autoren und Verlag freuen sich über Ihr Feedback. Schreiben Sie Ihre Tipps und Verbesserungen an info@conrad-stein-verlag.de oder nutzen Sie unsere Social-Media-Kanäle. Bitte nennen Sie dabei Titel, Auflage und Seitennummer.

Dieses Buch ist im Buchhandel und in Ausrüstungsläden erhältlich und kann im Internet oder direkt beim Verlag bestellt werden.

Titelfoto: Liebfrauenkirche in Oberwesel, 9. Etappe

Inhalt

☺ Eine **Übersichtskarte** des Weges, **Autorenprofile** sowie eine Liste aller verwendeten **Symbole** in diesem Buch finden Sie auf den vorderen und hinteren Umschlagseiten bzw. -klappen.

Vorwort

Im März 2009 wurde im Kloster Arnstein an der Lahn beschlossen, eine Arbeitsgruppe zur Wiederbelebung des alten Jakobsweges von Köln nach Bingen einzurichten. Die im Mittelrheintal verlaufenden historischen Römerstraßen wurden im Mittelalter von Pilgerreisenden nach Aachen und Köln sowie von Jakobs- und Rompilgerinnen und -pilgern genutzt. Mit der Kennzeichnung des Weges durch das traumhafte Mittelrheintal wurde nun eine lange bestehende Lücke im deutschen Wegenetz geschlossen und eine weitere Möglichkeit geschaffen, Richtung Santiago de Compostela zu pilgern.

Der Linksrheinische Jakobsweg wurde für alle, die zu Fuß pilgern, markiert. Es bieten sich auf diesem reizvollen Abschnitt aber auch Alternativen mit Fahrrad und Schiff an. Die Anbindung an das öffentliche Verkehrsnetz ist hervorragend, sodass auch einzelne Etappen von Tagespilgerinnen und Tagespilgern absolviert werden können. Auf dem Teilstück vom Rolandsbogen bis Bingen verläuft der Pilgerweg überwiegend auf dem RheinBurgenWeg, der 2012 als zweitschönster Wanderweg Deutschlands ausgezeichnet wurde. Ab Koblenz führt der Linksrheinische Jakobsweg durch das UNESCO-Weltkulturerbe Oberes Mittelrheintal. Auf der gesamten Strecke bietet die Sakrallandschaft mit Bauwerken wie dem Kölner Dom, dem Bonner Münster, der Basilika St. Kastor in Koblenz, der Liebfrauenkirche in Oberwesel und der Basilika St. Martin in Bingen bedeutende Anlaufstellen für die Pilgerreisenden.

Wir hoffen, dass der wiederbelebte Jakobsweg durch das Mittelrheintal eine Bereicherung für Ihren Körper, Ihre Sinne und Ihren Geist sein wird. Nehmen Sie sich eine Auszeit aus dem Alltag und erfreuen Sie sich an der üppigen Natur, der herrlichen Landschaft und den aufgeschlossenen Menschen in der Region. Wir wünschen Ihnen eine erlebnisreiche Wanderung auf dem Linksrheinischen Jakobsweg durch Gottes Schöpfung und geben Ihnen den nachfolgenden mittelalterlichen Pilgersegen aus dem Jahr 1073 mit auf Ihren Weg:

Gott, der du deinen Diener Abraham aus der Stadt Ur in Chaldäa errettet und ihn in seinen Wanderungen beschützt hast, der du der Begleiter des hebräischen Volkes durch die Wüste warst, wir bitten dich, dass du diese deine Diener beschützen mögest, die aus Liebe zu deinem Namen nach Santiago pilgern.

Sei ihnen Gefährte und Führer auf der Reise, Labsal in der Ermattung, Verteidigung in den Gefahren, Herberge auf dem Weg, Trost in der Mutlosigkeit und Festigkeit in ihren Vorsätzen, damit sie durch deine Führung frisch und gesund am Ziel ihres Weges ankommen und damit sie bereichert an Gnade und Tugenden unversehrt in ihre Heimat zurückkehren mit immerwährender Freude und Frieden.

Durch Jesus Christus, unseren Herrn. Amen.

Diesen Pilgerwanderführer widmen wir Franz-Josef Höflich (1940-2016), Ehrenpräsident der St. Jakobus-Gesellschaft Rheinland-Pfalz-Saarland, der uns bis zu seinem Lebensende ein wichtiger Impuls- und Ratgeber für die Entwicklung des Linksrheinischen Jakobsweges war.

Wichtige Vorbemerkungen/ Zum Gebrauch dieses Pilgerführers!

Vor Beginn Ihrer Pilgerschaft empfehlen wir Ihnen, die nächsten Kapitel aufmerksam durchzulesen, damit Sie den Linksrheinischen Jakobsweg uneingeschränkt genießen können und keine ungewollten Überraschungen erleben.

Bei Unfällen auf den beschriebenen Routen übernehmen weder der Verlag noch die Autoren oder sonst jemand Haftung in irgendeiner Form. Letztendlich sind immer Sie selbst für die Wahl des Weges verantwortlich, da nur Sie die Grenzen Ihrer physischen und mentalen Möglichkeiten kennen.

Einleitung

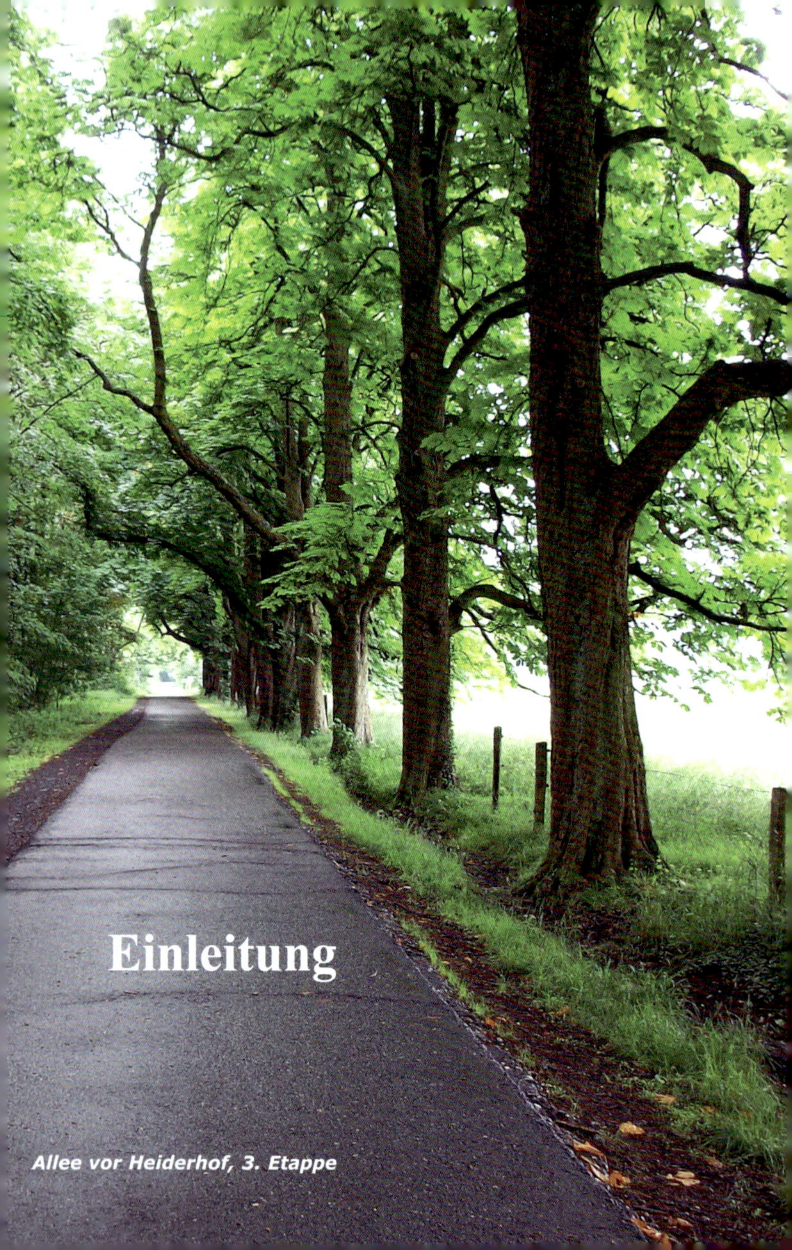

Allee vor Heiderhof, 3. Etappe

Geschichte der Jakobspilgerschaft

Jakobus der Ältere war einer der Jünger Christi und Bruder von Johannes. In Spanien missionierte er mit wenig Erfolg, woraufhin er nach Palästina zurückkehrte und dort 43 n. Chr. durch Herodes Agrippa I. enthauptet wurde. Einer Legende zufolge wurde sein Leichnam in ein Boot gelegt, das an die Küste Spaniens getrieben wurde. Eine andere Version besagt, dass die Jünger von Jakobus, Athanasius und Theodorus, seinen Leichnam nach Spanien brachten und dort, wo sich heute Santiago de Compostela befindet, in einem Steingrab beisetzten. Eine weitere Legende überliefert, dass Kaiser Justinian die Reliquien dem Sinaikloster schenkte.

711 begannen die Mauren die christlichen Reiche der Westgoten in Spanien und Portugal zu erobern. Innerhalb von 8 Jahren brachten sie den größten Teil der Iberischen Halbinsel unter ihre Herrschaft und wurden erstmals 732 durch Karl Martell bei Tours und Poitiers geschlagen und somit in ihrem Expansionsdrang gebremst. 778 unternahm Karl der Große – der Enkel von Karl Martell – einen Feldzug gegen die Mauren in Spanien. Seine Nachhut wurde jedoch nicht von den Mauren, sondern von den christlichen Basken bei Roncesvalles geschlagen, woraus die Rolandssage entstanden ist.

Die Gebeine des Jakobus wurden vor den anrückenden Mauren versteckt und gerieten in Vergessenheit. Zwischen 818 und 834 wurden sie dann von dem Eremiten Pelayo aufgrund einer Lichterscheinung gefunden. Der Bischof von Iria Flavia, Theodemir, erklärte das gefundene Grab zur Ruhestätte des hl. Jakobus. Alfons II. ließ an dieser Stelle eine Kirche errichten, die bald Wallfahrtsort wurde. 997 wurde die Kirche unter Almansor, dem Heerführer des Kalifen von Córdoba, zerstört, das Grab des Jakobus blieb aber unversehrt.

Jakobus soll u. a. in der Schlacht von Clavijo die christlichen Heere bei der Rückeroberung Spaniens (Reconquista) unterstützt haben, weshalb er ihr Schutzheiliger wurde; es wurde ihm der Beiname Matamoros (der Maurenschlächter) gegeben, der heute sehr umstritten ist.

Pilger, die sich von Frankreich und Deutschland aus auf den Weg machten, hat es nachweislich bereits ab 930 gegeben, aber erst im 11. und 12. Jh. entwickelte sich ein über ganz Europa verbreiteter Pilgerstrom. Dieser brachte Geld nach Santiago de Compostela und so wurde um 1070 mit dem Bau der Kathedrale begonnen. Nachdem im 15. Jh. heilige Jahre (☞ Seite 10) mit einem vollständigen Sündenablass eingeführt wurden, stiegen die Pilgerzahlen noch einmal erheblich an.

Die gesellschaftlichen Veränderungen im Europa der folgenden Jahrhunderte waren unter anderem Gründe dafür, dass die Pilgerfahrt dann beinahe in Vergessenheit geraten wäre. Erst 1879 wurden die aus Furcht vor einem britischen Angriff versteckten Gebeine des Apostels wieder aufgefunden. Papst Leo XIII. bestätigte schließlich 1884 die Echtheit der Reliquien. Spätestens nach dem Zweiten Weltkrieg waren die Menschen auf der Suche nach etwas Friedfertigem und entdeckten den Jakobsweg neu. Zeitgleich entstanden in Spanien und Frankreich Jakobusvereinigungen. 1990 wurde der Jakobsweg als UNESCO-Weltkulturerbe anerkannt. Inzwischen steigt die Zahl der Pilgerinnen und Pilger auf bis zu 450.000 Menschen pro Jahr (Statistik des Pilgerbüros von Santiago de Compostela).

Gründe für die Pilgerschaft

Es ist erstaunlich, welche Strapazen manche Pilgerinnen und Pilger auf sich nehmen, und dies unabhängig vom Herkunftsland, sozialen Stand, Alter oder Geschlecht ... Die Gründe für eine Pilgerschaft sind so vielfältig wie die Menschen selbst. Die gemeinsame, verbindende Wurzel ist für viele der Glaube, das unerschütterliche Fundament, Schmerzen und Mühen treten in den Hintergrund. Die Suche nach der Nähe zu Gott, seinen wundervollen Werken wie Flora, Fauna und den Naturgewalten in Form von Sonne, Regen und Wind.

Andere pilgern, um sich selbst zu finden. Sie versuchen mit dem Wenigen auszukommen, das sie auf ihrem Rücken tragen, und sich in einen Zustand der Entschleunigung zu versetzen, um der Schnelllebigkeit und dem Stress der heutigen Zeit zu entfliehen. Wiederum andere sehen die Pilgerschaft als eine sportliche Herausforderung oder als Möglichkeit zur Erweiterung ihres kulturellen Horizontes.

Für alle gilt jedoch: Der Weg ist das Ziel, und jeder bekommt auf dem Jakobsweg Antworten auf Fragen, die nie gestellt wurden.

Die Jakobsmuschel

Der Name Jakobsmuschel geht auf den heiligen Jakobus, den Schutzpatron der Pilger, zurück. Der Legende nach ritt ein junger Adliger dem Schiff mit dem Leichnam des Jakobus entgegen, als sein Pferd scheute und er im Meer versank. Auf wundersame Weise konnte Jakobus den Unglücklichen retten, doch sein Körper war mit Muscheln bedeckt, die fortan das Symbol der Jakobspilger wurden.

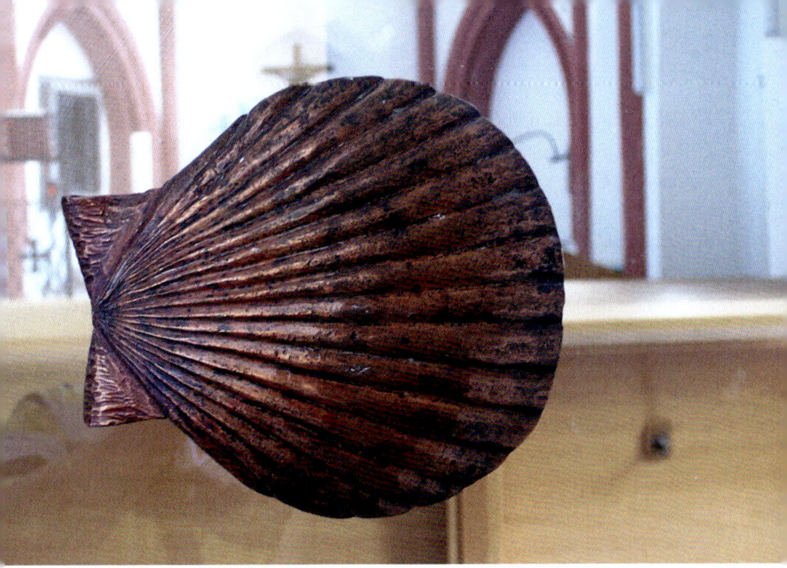

Türknauf der Jakobuskapelle in Koblenz, 3. Etappe

Die christlichen Pilger des Mittelalters benutzten die Jakobsmuschel zum Wasserschöpfen, sie ist Erkennungs- und Schutzzeichen der Pilger und war bis zur Einführung der Pilgerurkunde (der Compostela) im 13. Jh. auch Nachweis der Jakobspilgerschaft.

Als Wegmarkierung wird eine stilisierte Jakobsmuschel in Europa wie ein Pfeil dargestellt, der den Pilgern die Richtung weist.

Der Pilgerausweis (*credencial de peregrino*) und die Compostela

Der Pilgerausweis ist mit das wichtigste Dokument auf den Jakobswegen. In Spanien, Portugal und teilweise auch in Frankreich können Sie nur bei Vorlage eines solchen Dokumentes in Pilgerherbergen übernachten. Besorgen Sie sich Ihren Pilgerausweis am besten bereits vor der Abreise bei den Jakobusgesellschaften/-bruderschaften in Deutschland. Pilgerstempel erhalten Sie in Herbergen oder Bars am Weg; sie belegen die zurückgelegte Strecke.

Fußpilgerinnen und Fußpilger sollten sich insbesondere auf den letzten 100 km vor Santiago de Compostela täglich zwei Stempel geben lassen.

Die Compostela (Pilgerurkunde) erhalten Sie, wenn Sie zumindest die letzten 100 km zu Fuß oder die letzten 200 km zu Pferd oder mit dem Fahrrad nach Santiago de Compostela zurückgelegt haben. Sie bescheinigt Pilgerinnen und Pilgern den Besuch der Kathedrale von Santiago de Compostela und damit das Ende der Wallfahrt auf dem Jakobsweg. Sie wird im Pilgerbüro des Domkapitels der Kathedrale von Santiago de Compostela kostenlos ausgestellt. Der Vorname wird in Latein in die Compostela eingetragen.

In Deutschland ist der Pilgerausweis keine Pflicht, jedoch gewähren Ihnen Hotels und Pensionen manchmal gegen Vorlage vergünstigte Unterkunftspreise. Zudem ist er eine schöne persönliche Erinnerung an Ihre Pilgerwanderung.

Inzwischen gibt es für den Linksrheinischen Jakobsweg auch eine Pilgerurkunde. Voraussetzung für die Ausstellung der Urkunde ist das Vorliegen des Pilgerausweises, der mit Datum versehenen Stempeln mindestens die letzten 100 km auf dem Linksrheinischen Jakobsweg nach Bingen nachweisen muss. Die Pilgerurkunde kann per Mail (wsfb@linksrheinischer-jakobsweg.info) angefordert werden und wird gegen Erstattung der Kosten ausgestellt und per Post zugeschickt.

Jakobusdarstellung in der Evangelischen Stiftskirche St. Goar, 9. Etappe

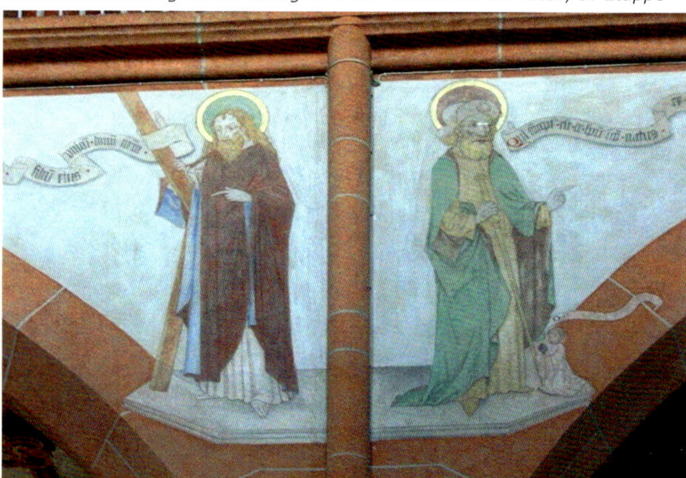

Pilgerstempel

Entlang des Linksrheinischen Jakobsweges finden Sie zahlreiche Pilgerstempel. Eine aktuelle Übersicht steht auf der Website 💻 www.linksrheinischer-jakobsweg.info zum Download zur Verfügung.

Der Pilgerstab

ist neben der Jakobsmuschel und dem Pilgerhut ein Zeichen der Jakobspilgerinnen und -pilger. Es handelt sich um einen brust- bis übermannshohen Wanderstock, der unten oft mit einer Eisenspitze versehen ist. Er wird als „drittes Bein" der Pilgernden bezeichnet und symbolisiert so die Dreifaltigkeit. Pilgerinnen und Pilger setzten ihn gegen streunende Hunde und Wegelagerer ein.

Das heilige Jahr

ist immer dann, wenn der 25. Juli eines Jahres (der Festtag des hl. Jakobus) auf einen Sonntag fällt. Das nächste heilige Jahr ist 2027. Eine Tür an der Ostseite der Kathedrale in Santiago de Compostela (als Gnadenpforte, Heilige Pforte oder Pforte der Vergebung bezeichnet), die zwischen den Kapellen des Salvators (Erlöser) und des hl. Petrus in den Chorumgang führt, wird am 31.12. vor dem hl. Jahr geöffnet. Bis zur Öffnung der Heiligen Pforte am 31.12.2003 war es üblich, eine Wand, mit der die Tür vermauert war, nach drei Schlägen des Erzbischofs einzureißen. Nach dem heiligen Jahr 2004 wurde keine neue Wand gemauert, sondern eine Gittertür eingesetzt, die zwischen den heiligen Jahren verschlossen ist.

In heiligen Jahren können Pilgerinnen und Pilger einen vollkommenen Ablass von ihren Sünden erreichen, wenn sie 1. die Kathedrale von Santiago de Compostela aus Gründen der Verehrung und in Bußgesinnung besuchen, 2. dort der hl. Messe beiwohnen und 3. die Sakramente der Buße und der Eucharistie empfangen sowie die Beichte ablegen.

In heiligen Jahren ist die Anzahl der Pilgernden deutlich höher als in den anderen Jahren. Früher standen die Pilgerinnen und Pilger in diesen Jahren stets unter einem besonderen Schutz der Herrscher.

Reise-Infos von A bis Z

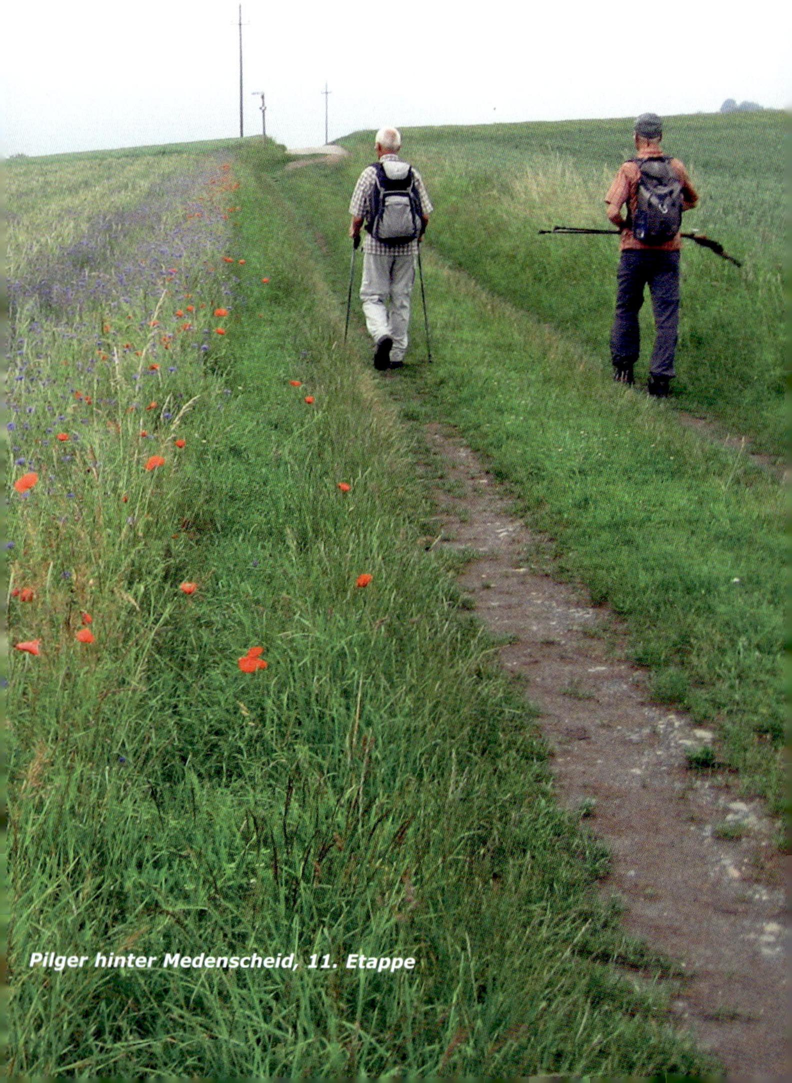

Pilger hinter Medenscheid, 11. Etappe

Aktuelle Informationen und Updates

Es gibt immer wieder Änderungen auf dem Linksrheinischen Jakobsweg. Der Conrad Stein Verlag veröffentlicht Updates zu diesem Buch, die direkt von den Autoren oder von Leserinnen und Lesern dieses Buches stammen. Bitte suchen Sie vor Ihrer Abreise auf der Verlags-Homepage www.conrad-stein-verlag.de diesen Titel.

Der rechts abgebildete QR-Code führt Sie direkt zu der richtigen Seite. Dort finden Sie auch die aktuellen GPS-Tracks.

Aktuelle Informationen finden Sie außerdem auf der Seite:

- www.linksrheinischer-jakobsweg.info

An- und Abreise

Köln erreichen Sie am bequemsten mit der Bahn. Eine Anreise mit dem Auto ist zwar auch möglich, die Kosten für das Abstellen des Fahrzeuges in einem Parkhaus belaufen sich allerdings auf ca. € 25/Tag.

Fast alle Etappenorte verfügen über einen Bahnhof, sodass sich auch für Tagespilgerinnen und -pilger viele Möglichkeiten bieten.

Für die Rückreise von Bingen empfehlen wir ebenfalls die Nutzung der Bahn. Es fahren stündlich mehrere Züge in alle Richtungen.

- Informationen zu Bahnverbindungen und Tickets der Deutschen Bahn erhalten Sie auf der Website www.bahn.de oder telefonisch unter 030/29 70.

Über Bus- und Bahnverbindungen in der Region informieren Sie die zuständigen Verkehrsverbünde:

- Verkehrsverbund Rhein-Sieg, 08 00/350 40 30 (kostenfrei), schlaue.nummer@vrs.de, www.vrs.de
- Verkehrsverbund Rhein-Mosel, 08 00/598 69 86 (kostenfrei), info@vmrinfo.de, www.vrminfo.de
- Rhein Nahe Verkehrsverbund, 061 32/78 96 22, info@rnn.info, www.rnn.info

Ausrüstung

Grundsatz: so viel wie nötig, aber so wenig wie möglich.

Die Profis wiegen jedes einzelne mitzunehmende Teil vorher ab und versuchen ein leichteres zu bekommen. Ihr Rucksack sollte höchstens 10 % Ihres Körpergewichtes betragen. Stellen Sie unterwegs fest, dass Sie auf einiges verzichten möchten, können Sie diese Teile per Post nach Hause schicken. In den meisten Orten am Linksrheinischen Jakobsweg finden Sie eine Paketannahmestelle!

Transport und Schlafen

- ☐ wasserdichter, verstellbarer, bequemer (Wander-)Rucksack
- ☐ Hüfttasche für wichtige Dokumente/Wertsachen
- ☐ wasserdichte Beutel für die Bekleidung
- ☐ leichter Schlafsack für Übernachtungen in Jugendherbergen
- ☐ Isomatte, wenn im Freien oder in Notunterkünften geschlafen wird

Unterwegs

- ☐ Wanderstöcke (sind bei einigen Passagen sinnvoll)
- ☐ Handy für den Notfall
- ☐ dieser Wanderführer
- ☐ Wanderkarte(n)
- ☐ Notizbuch
- ☐ Fotoapparat/Kamera
- ☐ Trinkflasche
- ☐ Messer/Löffel/Gabel
- ☐ leicht verdauliche, kalorienreiche Nahrung wie z. B. Nüsse oder Mandeln
- ☐ eine kleine Kunststoffdose für Proviant
- ☐ Karabinerhaken (am Rucksack)
- ☐ Sonnen- und ggf. Lesebrille
- ☐ Sonnenschutzcreme
- ☐ Reisewaschmittel

Bekleidung

- ☐ wasserdichte, atmungsaktive, eingelaufene Wanderschuhe
- ☐ Trekking-Sandalen oder leichte Laufschuhe

- ☐ eingelaufene Wandersocken, Freizeitsocken
- ☐ leichte Regen-/Windjacke
- ☐ Kopfbedeckung
- ☐ 2 bequeme Unterhosen
- ☐ 2 atmungsaktive T-Shirts
- ☐ lange Wanderhose
- ☐ kurze Wanderhose
- ☐ Pulli oder Fleece-Jacke

Körperpflege

- ☐ Microfaser-Handtuch
- ☐ kleines Stück Seife oder Duschgel (Probiergröße)
- ☐ Zahnpflegeset
- ☐ ggf. Rasierset
- ☐ Toilettenpapier, Papiertaschentücher

Papiere

- ☐ Personalausweis
- ☐ Pilgerausweis
- ☐ Notizbuch/Bleistift
- ☐ wichtige Adressen, Telefonnummern etc.
- ☐ Versichertenkarte
- ☐ Bank-/Kredit-Karte
- ☐ Tickets (Bahn, ...)

Reiseapotheke:

- ☐ (wasserfestes) Wundpflaster
- ☐ Compeed (Blasenpflaster)
- ☐ breite Rolle Leukoplast
- ☐ Sportlersalbe (Mobilat, Voltaren ...)
- ☐ Hirschtalg oder Vaseline (Vorbeugung gegen Wundreiben)
- ☐ Wundsalbe (Betaisodona, Bepanthen)
- ☐ Nagelschere
- ☐ 6 Sicherheitsnadeln
- ☐ 1 Nähnadel mit Faden

- ☐ Akut-Set (gegen Durchfall, Schmerzen, Erkältung/Fieber)
- ☐ persönliche Medikamente

Sie lernen innerhalb einer Woche bereits die „Kunst des Einschränkens" – wie wenig brauchen Sie eigentlich? Die gewonnenen Einsichten lassen sich mehr oder weniger in das tägliche Leben nach dem Jakobsweg integrieren.

Einkaufen

Sie können auf dem Linksrheinischen Jakobsweg alles einkaufen, was Sie unterwegs benötigen. Verstauen Sie in Ihrem Rucksack deshalb nur die kleinsten Verpackungseinheiten.

Einkehrmöglichkeiten

wurden lediglich in Orten aufgenommen, wo Unterkünfte keine Mahlzeiten anbieten. In größeren Städten wurde auf entsprechende Hinweise verzichtet, da dort eine ausreichende Auswahl an Restaurants vorhanden ist. Weiterhin wurde hin und wieder die Zustimmung zur Veröffentlichung nicht erteilt.

Etappen und Distanzen

Die in diesem Buch beschriebenen Etappen wurden so gewählt, dass die Gesamtstrecke von annähernd 240 km bei entsprechenden Witterungsbedingungen von gesunden Pilgerinnen und Pilgern in 12 Tagen zu bewältigen ist.

Sie sind jedoch nur als Empfehlung zu sehen und können bzw. sollen dem individuellen Leistungsvermögen angepasst werden. Für die Gehzeiten bei den einzelnen Etappen haben wir eine Grundgeschwindigkeit von 4 km/h zugrunde gelegt und auch die jeweiligen Höhenprofile berücksichtigt. Besichtigungen und Pausen sind nicht einkalkuliert worden.

Bedenken Sie bei der Etappenplanung bitte, dass die Wege manchmal stark ansteigen (teilweise auch mit alpinem Charakter), und gönnen Sie sich ausreichend Rast, insbesondere bei Hitze.

Einige Passagen stellen für manchen Pilger eine Herausforderung dar. Wo möglich, geben wir an den entsprechenden Stellen Hinweise zu Alternativstrecken.

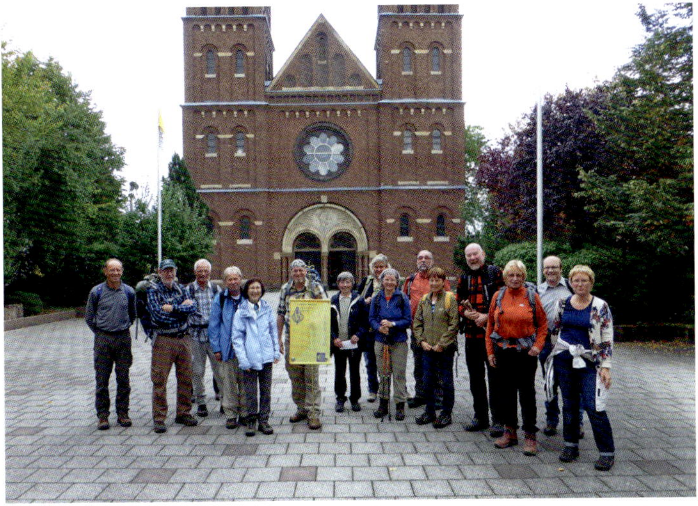

Pilgergruppe in Wesseling, 1. Etappe

Fahrradpilgern

Für Fahrräder ist der Linksrheinische Jakobsweg bis auf die ersten beiden Etappen nicht geeignet. Wir empfehlen daher, die jeweiligen Etappenorte auf den vorhandenen Fahrradwegen entlang des Rheins anzufahren.

GPS

Alle GPS-Tracks zum Linksrheinischen Jakobsweg finden Sie auf der Verlagshomepage (💻 www.conrad-stein-verlag.de) zu diesem Buch. Diese können mit vielen gängigen GPS-Apps für Mobiltelefone genutzt werden. Aufgrund unterschiedlichster Geräte zum Aufzeichnen von Tracks können sich Abweichungen zu den bei den jeweiligen Etappen angegebenen Streckenlängen ergeben.

📖 Tipps zum Umgang mit dem GPS-Gerät finden Sie in dem Ratgeber „**GPS – Grundlagen · Tourenplanung · Navigation**“ von Michael Hennemann, Conrad Stein Verlag, Basiswissen für draußen, ISBN 978-3-86686-769-7, € 12,90. Neuauflage 2023

Jakobusgesellschaften

Die Liste der Jakobusgesellschaften ist unter 💻 www.jakobus-info.de abrufbar, wobei die bekannteste die Deutsche St.-Jakobus-Gesellschaft und die älteste die St. Jakobusbruderschaft Trier ist.

- Deutsche St.-Jakobus-Gesellschaft e. V., Tempelhofer Straße 21, 52068 Aachen, ☏ 02 41/510 00 62, 💻 www.deutsche-jakobus-gesellschaft.de, ✉ info@deutsche-jakobus-gesellschaft.de
- St. Jakobusbruderschaft Trier e. V., Paulinstraße 5, 54292 Trier, 💻 www.sjb-trier.de, ✉ sekretaer@sjb-trier.de

In Rheinland-Pfalz ist zudem die St. Jakobus-Gesellschaft Rheinland-Pfalz-Saarland e. V. ein wichtiger Ansprechpartner.

- St. Jakobus-Gesellschaft Rheinland-Pfalz-Saarland e. V., Am Staffelstein 10, 67292 Kirchheimbolanden, 💻 www.jakobusgesellschaft.eu

Besorgen Sie sich bitte vor Antritt Ihrer Pilgerreise rechtzeitig bei einer Jakobusgesellschaft Ihrer Wahl Ihren Pilgerausweis.

Klima und Reisezeit

Der Linksrheinische Jakobsweg hat zu jeder Jahreszeit seine ganz besonderen Reize. Im Frühjahr werden Sie im Abschnitt von Andernach bis Koblenz von der einsetzenden Obstblüte nicht nur optisch überrascht. Daran schließt sich ein vor allem im Sommer angenehm kühles Waldgebiet an, dem schließlich ein großes Weinanbaugebiet folgt, das Sie vornehmlich auf den Hangkanten des Mittelrheintales mit wunderschönen Ausblicken bewandern.

Der Linksrheinische Jakobsweg kann bei entsprechender Ausrüstung zu jeder Jahreszeit begangen werden. Die besten Bedingungen bieten die Frühlings- und Sommermonate, aber auch im Frühherbst lohnt sich eine Wanderung durch die abwechslungsreiche Natur.

Aufgrund des teilweise felsigen Untergrunds und der häufigen Auf- und Abstiege im mittelrheinischen Schiefergebirge sollten Sie den Weg nicht bei Schnee und Glätte begehen.

Medizinische Versorgung

Die ärztliche Versorgung ist auf dem Linksrheinischen Jakobsweg sehr gut. Für den „Alltagsgebrauch" sind die Apotheken bestens ausgestattet. Trotzdem sollten Sie eine Notfallversorgung mitnehmen und Ihre persönlichen Medikamente nicht vergessen.

☺ Notruf für Polizei, Feuerwehr, Krankenwagen/Notarzt: ☎ 112

Sehenswürdigkeiten

In den Orten am Linksrheinischen Jakobsweg werden Sie zahlreiche Sehenswürdigkeiten entdecken. Die große Vielzahl lässt es leider nicht zu, alle in dieses Buch aufzunehmen. So werden Sie hier nur zu solchen Sehenswürdigkeiten Hinweise und Tipps vorfinden, die unmittelbar am Weg liegen oder von besonderer Bedeutung sind.

Unterkünfte

Ein durchgängiges Herbergssystem wie in Spanien ist am Linksrheinischen Jakobsweg nicht vorhanden. Hier ist Ihre Eigeninitiative gefordert, eine für Sie passende Unterkunft ausfindig zu machen. Sie finden bei den Beschreibungen der einzelnen Etappen Hinweise zu den zuständigen Touristikbüros, die Ihnen gerne bei der Vermittlung von Unterkünften nach Ihren Wünschen behilflich sein werden. Einige Unterkunftsmöglichkeiten stellen wir Ihnen bei jeder Etappe vor, wobei sich die Auswahl vornehmlich auf Häuser in der Nähe des markierten Weges beschränkt. Es konnten nur Häuser aufgenommen werden, die ihr Einverständnis hierfür gegeben haben.

Die Zimmerpreise sind in den letzten Jahren explodiert und liegen aktuell für ein Einzelzimmer zwischen € 35 und € 100 sowie für ein Doppelzimmer zwischen € 40 und € 120. In Jugendherbergen oder Hostels bezahlen Sie im Schnitt € 26 für eine Übernachtung. Bei den genannten Tarifen ist nicht immer ein Frühstück enthalten. Die Preise wurden direkt bei den Vermietern ermittelt, können aber unter Umständen inzwischen abweichen.

Es ist sinnvoll, bereits im Rahmen der Planung Ihrer Pilgerwanderung Unterkünfte zu buchen. Wir empfehlen, nicht erst am Ende eines anstrengenden Pilgertages auf gut Glück eine Unterkunft zu suchen. Bedenken Sie bitte, dass Sie für Übernachtungen in Jugendherbergen einen gültigen Jugendherbergsausweis benötigen.

Außerdem empfehlen wir eine Zimmerbuchung direkt beim Anbieter, da die Preise zumeist günstiger sind als bei der Reservierung über ein Buchungsportal. Oftmals muss zusätzlich auch eine örtliche Tourismusabgabe/Bettensteuer hinzugerechnet werden.

Für Pilgerinnen und Pilger mit Zelt stehen nur in Koblenz, Brey, Oberwesel, St. Goar und Bacharach Campingplätze zur Verfügung.

Wanderkarten

Es gibt keine spezielle Wanderkarte für den Linksrheinischen Jakobsweg. Ersatzweise können Sie sich mit folgenden Karten behelfen, in denen der Linksrheinische Jakobsweg enthalten ist.

- ♦ Kompass-Karte 758: Köln, Brühl, Bonn, Ahrtal (1:50.000), 1. Auflage 2020, deckt den Bereich von Köln bis kurz vor Namedy ab. Der Jakobsweg ist eingezeichnet.

Einzelne Etappen des Jakobsweges decken die folgenden Papier-Ausgaben von NaturNavi (jeweils 1:25.000) ab (von Nord nach Süd):

- ♦ Blatt 38-561 Rheinwandern 5 (Bonn - Siebengebirge): Bonn bis Remagen/Linz,
- ♦ Blatt 39-559 Rheinwandern 4 (Neuwied): Linz/Bad Breisig bis Mülheim-Kärlich/Bendorf,
- ♦ Blatt 41-558 Rheinwandern 3: Bendorf bis Koblenz/Lahnstein,
- ♦ Blatt 39-557 Untermosel - Koblenz: Koblenz bis Boppard (Lücke bei Rhens),
- ♦ Blatt 41-557 Rheinwandern 2 (Lahnstein): Lahnstein bis St. Goar,
- ♦ Blatt 40-555 Rheinwandern 1 (Loreley - Simmern/H.): St. Goar bis Lorch,
- ♦ Blatt 42-555 Rheingau: Lorch bis Erbach inkl. Bingen.

Einzelne Abschnitte decken auch die Papierkarten der Rheingau-Taunus-Kartographie im Maßstab 1:25.000 ab:

- ♦ 40a Oberes Mittelrheintal 1 (Neuwied bis St. Goar) und
- ♦ 40b Oberes Mittelrheintal 2 (St. Goar bis Bingen).

Einen guten Überblick über einen Großteil des Weges (aber ohne extra eingezeichnete Wanderwege) bietet die wetterfeste ADFC-Fahrradkarte Mittelrheintal im Maßstab 1:75.000 für den Bereich von Bonn über Andernach, Koblenz, Boppard und Bingen bis nach Mainz.

☺ Die Kartenempfehlungen wurden von der Geobuchhandlung Kiel überprüft, ☏ 04 31/942 49.

Wandern mit Hund

Der Linksrheinische Jakobsweg ist aufgrund seiner Beschaffenheit auch mit Hunden machbar. Bitte überlegen Sie im Vorfeld, ob Sie Ihrem Liebling die Tour zumuten können. Allerdings gibt es nur wenige Unterkünfte, wo Hunde im Haus geduldet sind. Einige Betreiber erheben eine kleine Gebühr, die zumeist bei € 3-12,50 liegt. Vermeiden Sie auf jeden Fall, dass sich Ihr Vierbeiner in die Betten legt. Die erforderliche Reinigung kann ein teurer Spaß werden. Um keine Überraschungen zu erleben, wird dringend empfohlen, bei der Buchung nachzufragen.

Hundefreundliche Unterkünfte sind in diesem Buch mit dem Symbol 🐕 versehen.

Wegmarkierung und Wegbeschreibung

Der Linksrheinische Jakobsweg wurde 2012 erstmals mit Schildern und Aufklebern mit der gelben Jakobsmuschel auf blauem Grund so markiert, dass er ohne zusätzliches Kartenmaterial absolviert werden kann. Die zusammenlaufenden Rippen der Jakobsmuschel weisen Ihnen die Wegrichtung. An verschiedenen Stellen wurden zusätzlich gelbe Pfeile angebracht, um keine Missverständnisse bei der Wegführung aufkommen zu lassen.

Da es sich beim Linksrheinischen Jakobsweg nicht um einen Premium-Wanderweg handelt, gibt es deutlich weniger Zeichen als zum Beispiel beim RheinBurgenWeg. Nichtsdestotrotz wurden an allen notwendigen Positionen wie Kreuzungen oder Gabelungen entsprechende Markierungen angebracht - nach Möglichkeit in Blickhöhe. Trotzdem sollte man auch vorausschauend die gelbe Muschel auf blauem Grund suchen. Es kann durchaus sein, dass auf Abschnitten, die kein Abbiegen zulassen, die Markierungsdichte gering gehalten wurde.

Außerdem gibt es immer wieder Zeitgenossen, die sich einen Spaß daraus machen, Markierungen zu entfernen.

Sollte es auf dem Weg Probleme mit der Markierung geben, bitten wir um Information, möglichst unter Angabe des Wegabschnittes.

An einigen Teilstrecken der europäischen Jakobswege wurde damit begonnen, die Wegmarkierung mit dem immer wichtiger werdenden Artenschutz zur Erhaltung einer breiten Biodiversität (Artenvielfalt) zu kombinieren.

Auch auf dem Linksrheinischen Jakobsweg finden Sie Vogelnistkästen, Fledermauskästen und Insektenhotels, die insbesondere an Wegkreuzungen aufgehängt und aufgestellt wurden. Auf ihnen ist zusätzlich ein gelber Pfeil und/oder eine Jakobsmuschel aufgetragen worden. Sie stammen aus der Werkstatt von Karl-Heinz Jung (Autor des Pilgerführers „Mosel-Camino", ebenfalls im Conrad Stein Verlag erschienen) und seinen ehrenamtlichen Helferinnen und Helfern. Infos erhalten Sie unter

www.artenschutz-am-pilgerweg.eu

Der Linksrheinische Jakobsweg

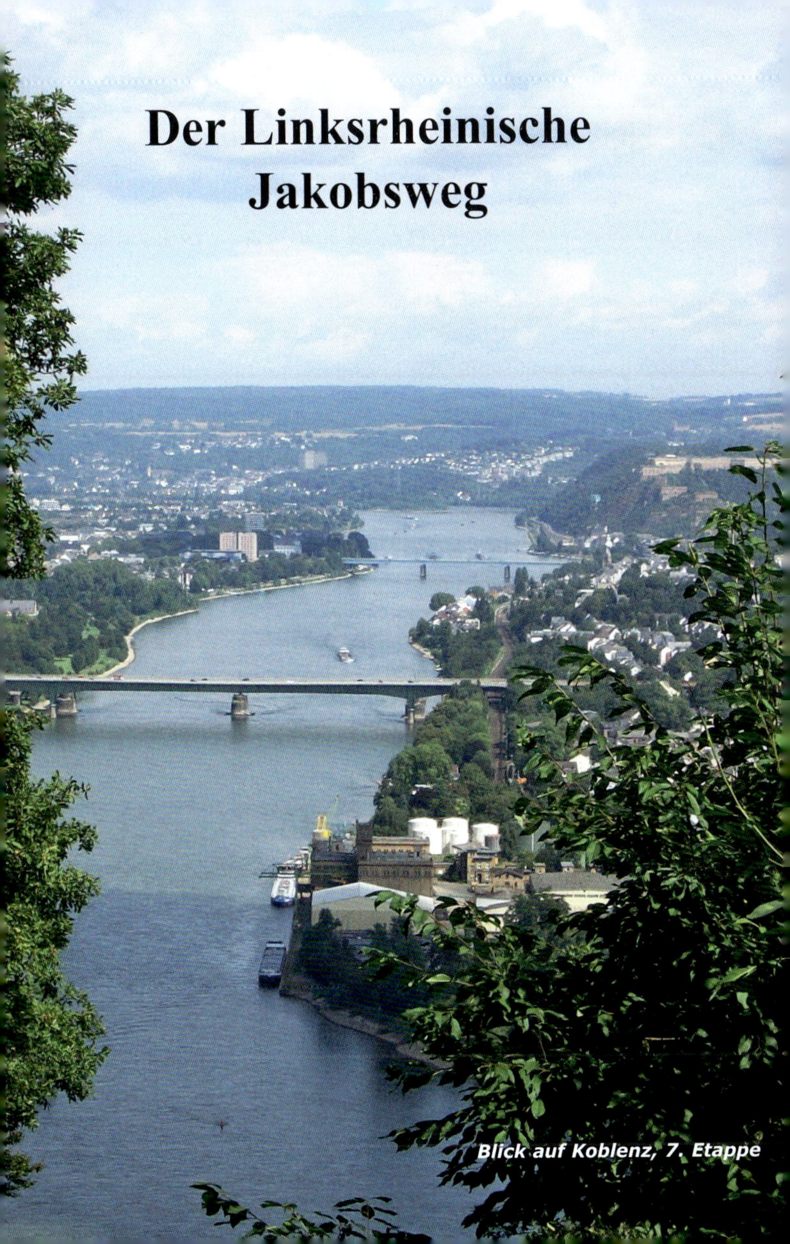

Blick auf Koblenz, 7. Etappe

1. Etappe: Von Köln nach Wesseling

18,3 km, 4 Std. 30 Min., 77 m, 84 m, 39-53 m

0,0 km	60 m	Köln (Dom)
3,3 km	48 m	Köln-Südstadt (Bayenturm)
7,2 km	50 m	Köln-Rodenkirchen (Alt St. Maternus)
11,1 km	50 m	Köln-Sürth (St. Remigius)
18,3 km	52 m	Wesseling (St. Germanus)

Sie starten den Linksrheinischen Jakobsweg am Kölner Dom und gehen durch die Kölner Südstadt an mehreren sehenswerten romanischen Kirchen vorbei ans Rheinufer. Von dort wandern Sie überwiegend auf einem flachen Teilstück bis zu Ihrem Etappenziel Wesseling.

Köln

1.086.000 Ew.

Köln Tourismus GmbH, Kardinal-Höffner-Platz 1, 50667 Köln, 02 21/34 64 30, info@koelntourismus.de, www.koelntourismus.de, Mo-Sa 9:00-19:00

a&o Köln Neumarkt, Mauritiuswall 64/66, 50676 Köln, 2 km vom Hbf. entfernt, 02 21/467 06 47 00, booking@aohostels.com, www.aohostels.com, Hostel: Ü ab € 12 im MBZ, Hotel: EZ/DZ ab € 50 p. P., Frühstück € 9,30 p. P., 1 Hund im Privatzimmer € 12,50

- Hostel die Wohngemeinschaft, Richard-Wagner-Straße 39, 50674 Köln, 2 km vom Hbf. entfernt, 02 21/98 59 30 91, hostel@die-wohngemeinschaft.net, www.die-wohngemeinschaft.net, Ü ab € 24 im MBZ, kein Frühstück
- Jugendherberge Köln-Deutz City-Hostel, Siegesstraße 5, 50679 Köln, 1 km vom Dom entfernt, 02 21/81 47 11, koeln-deutz@jugendherberge.de, www.jugendherberge.de, Ü ab € 29,90 p. P. inkl. Frühstück
- Station-Hostel für Backpacker, Marzellenstraße 44-56, 50668 Köln, 150 m vom Dom entfernt, 02 21/912 53 01, station@hostel-cologne.de, www.hostel-cologne.de, Ü ab € 19 im MBZ, EZ ab € 38, DZ ab € 56, Frühstück € 10

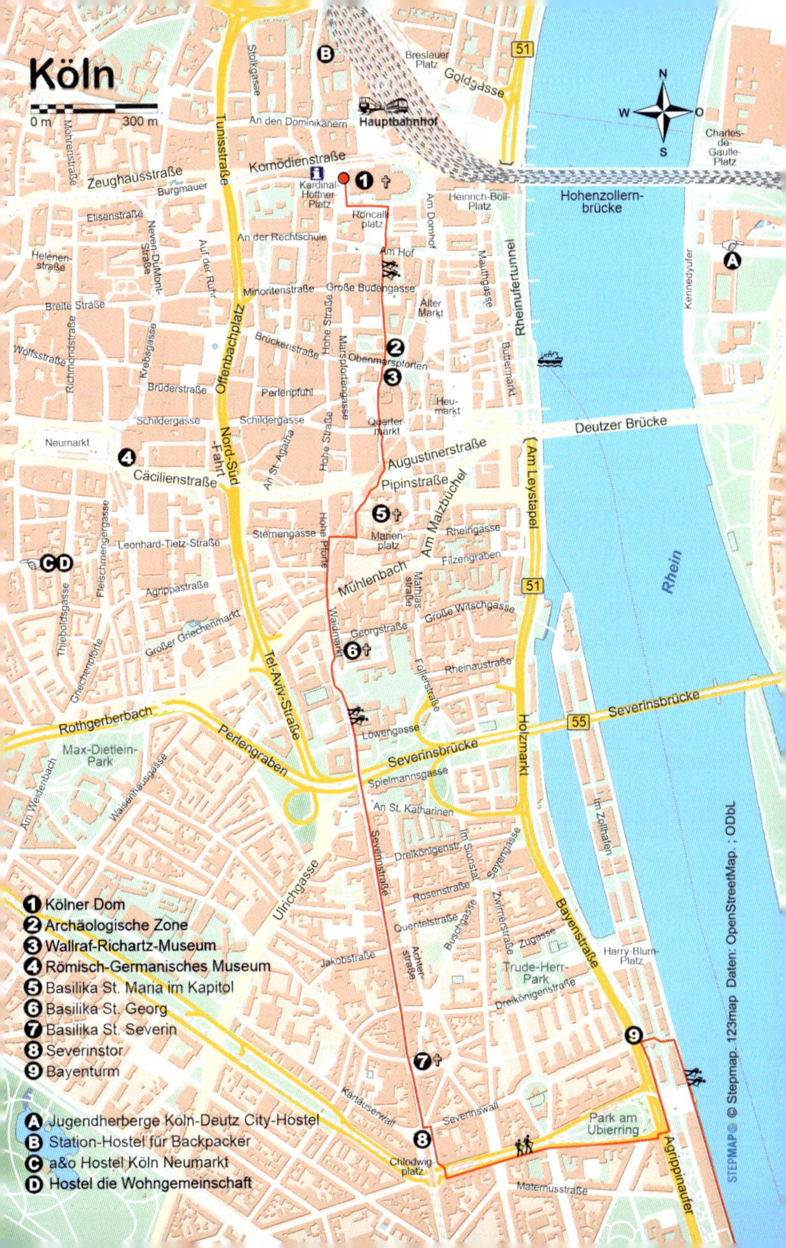

Köln
0 m
300 m
N
W
O
S
Hauptbahnhof
Hohenzollernbrücke
Deutzer Brücke
Severinsbrücke
Rhein
Tunisstraße
Komödienstraße
Zeughausstraße
Breslauer Platz
Goldgasse
Kardinal-Hoffner-Platz
Roncalliplatz
Heinrich-Böll-Platz
Am Hof
Große Budengasse
Alter Markt
Obenmarspforten
Heumarkt
Quatermarkt
Augustinerstraße
Pipinstraße
Am Malzbüchel
Marienplatz
Rheingasse
Filzengraben
Mühlenbach
Georgstraße
Große Witschgasse
Rheinaustraße
Löwengasse
Spielmannsgasse
An St. Katharinen
Severinstraße
Dreikönigenstr.
Rosenstraße
Quentelstraße
Jakobstraße
Trude-Herr-Park
Bayenstraße
Harry-Blum-Platz
Im Zollhafen
Severinswall
Park am Ubierring
Agrippinaufer
Chlodwigplatz
Karthäuserwall
Maternusstraße
Neumarkt
Cäcilienstraße
Schildergasse
Hohe Straße
Nord-Süd-Fahrt
Offenbachplatz
Leonhard-Tietz-Straße
Agrippastraße
Großer Griechenmarkt
Rothgerberbach
Perlengraben
Tel-Aviv-Straße
Max-Dietlein-Park
Ulrichgasse
Am Leystapel
Holzmarkt
Rheinufertunnel
Kennedyufer
Charles-de-Gaulle-Platz
51
55
1 Kölner Dom
2 Archäologische Zone
3 Wallraf-Richartz-Museum
4 Römisch-Germanisches Museum
5 Basilika St. Maria im Kapitol
6 Basilika St. Georg
7 Basilika St. Severin
8 Severinstor
9 Bayenturm
A Jugendherberge Köln-Deutz City-Hostel
B Station-Hostel für Backpacker
C a&o Hostel Köln Neumarkt
D Hostel die Wohngemeinschaft
STEPMAP © Stepmap. 123map Daten: OpenStreetMap ; ODbL

⌘ Domschatzkammer, Domkloster 4, 50667 Köln, ☏ 02 21/17 94 05 30, info@domschatzkammer-koeln.de, www.koelner-domschatzkammer.de, täglich 10:00-18:00, Eintritt € 6

♦ Römisch-Germanisches Museum im Belgischen Haus, Cäcilienstraße 46, 50667 Köln, ☏ 02 21/22 12 80 94, roemisch-germanisches-museum@stadt-koeln.de, www. roemisch-germanisches-museum.de, täglich 10:00-18:00, Eintritt € 6

♦ Archäologische Zone/Jüdisches Museum, Heumarkt 64-66, 50667 Köln, ☏ 02 21/22 13 34 22, ccaa@stadt-koeln.de, www.museenkoeln.de, Di-So 10:00-17:00, Eintritt € 4,50 (Praetorium und Mikwe)

♦ Wallraf-Richartz-Museum, Obenmarspforten, 50667 Köln, ☏ 02 21/22 12 11 19, info@wallraf.museum, www.wallraf.museum, Di-So 10:00-18:00, Eintritt € 13

Die 2.000-jährige Geschichte Kölns zeigt sich heute noch an vielen sichtbaren, aber auch an eher verborgenen Stellen. Einige dieser historischen Zeugen liegen unmittelbar am Linksrheinischen Jakobsweg und laden zur Besichtigung ein – allen voran natürlich das Wahrzeichen der Stadt, der Dom mit dem Dreikönigenschrein, der seit Jahrhunderten Anziehungspunkt für Pilgerinnen und Pilger aus der ganzen Welt ist. Der Dom ist für Sie der Ausgangspunkt Ihres Pilgerweges vom rheinischen Köln nach Bingen in Rheinhessen.

Gegründet wurde die Stadt, die inzwischen den Millionenstatus erreicht hat und die viertgrößte Stadt der Bundesrepublik Deutschland ist, um 19/18 v. Chr. mit der Ansiedelung des Ubierstammes durch die Römer. Diese hatten schon frühzeitig die strategisch gute Lage erkannt und bauten die Ansiedlung weiter aus, sodass bereits im Jahre 50 n. Chr. die Stadtrechte verliehen wurden. Nach dem Niedergang des Römischen Reiches war Köln auch in der frühmittelalterlichen fränkischen und karolingischen Zeit eine bedeutende Stadt im Reich. Im 13 . Jh. entstand nach und nach eine Stadtmauer mit zahlreichen Torburgen und Wehrtürmen, von denen heute noch einige erhalten sind (z. B. das Severinstor).

Die durch Köln verlaufenden Haupthandelsstraßen brachten Wohlstand in die Stadt und waren der Grund für die Entwicklung zu einem bedeutenden Handelsstandort. So war es irgendwann auch vorhersehbar, dass sich die Oberschicht nicht mehr vom Klerus bevormunden lassen wollte und sich schließlich in blutigen Kämpfen von diesem löste. Doch auch die Patrizier konnten sich nicht lange an der Macht halten. Ende des 14. Jh. wurde nach der Unterzeichnung eines

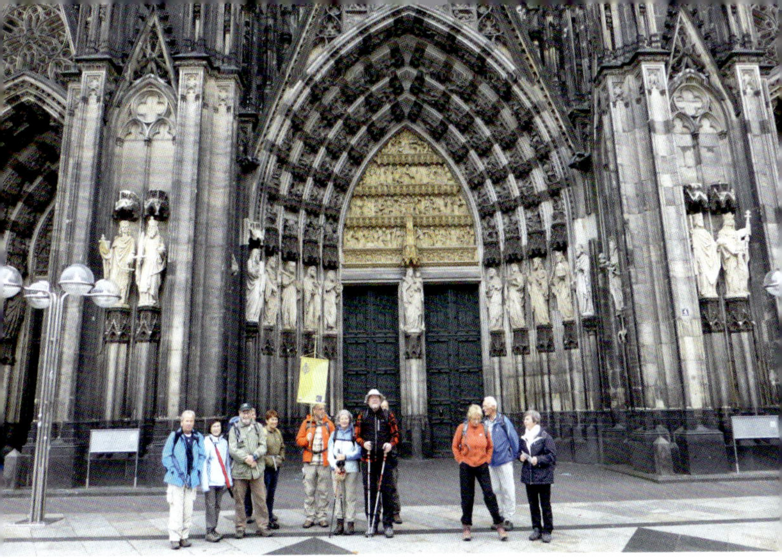

Pilgergruppe vor dem Kölner Dom

Verbundbriefes ein Rat eingesetzt, der aus 36 Vertretern der 22 Gaffeln (jede Bürgerin und jeder Bürger musste einer solchen Vereinigung beitreten) sowie 13 von den bereits Gewählten zu bestimmenden Ratsherren bestand. Diese faktische Verfassung blieb bis zum Einmarsch der Franzosen 1794 in Kraft. Bis zum Ende der Befreiungskriege 1815 gehörte Köln zur Französischen Republik und wurde danach in das Königreich Preußen integriert.

Der spätere deutsche Bundeskanzler Konrad Adenauer war von 1917 bis zu seiner Entlassung durch die Nationalsozialisten 1933 Oberbürgermeister von Köln. Im Juni 1943 erlitt die Stadt durch die alliierten Bombenangriffe schwerste Schäden. Die Innenstadt wurde zu 90 % zerstört. In den ersten Nachkriegsjahren wurde vornehmlich Wohnraum geschaffen, die entsprechenden Gebäude sind nicht gerade architektonische Höhepunkte. Bei Bauarbeiten wurden immer wieder Relikte aus vergangenen Zeiten gefunden, die vor allem unterirdisch in Parkhäusern oder Museen zu besichtigen sind. Ein besonderes Areal ist die „Archäologische Zone" am Rathausplatz. Unter anderem wurden dort bei Wiederaufbauarbeiten ein römisches Praetorium (Sitz des Statthalters) sowie Gebäude des mittelalterlichen Judenviertels entdeckt. An dieser Stelle ist ein über- und unterirdisches Museum geplant, das nicht ganz unumstritten ist.

☺ Bevor Sie sich auf den Pilgerweg begeben, ist der Besuch des Doms natürlich Pflichtprogramm. Bereits am Petersportal rechts neben dem Hauptportal begegnet Ihnen die erste Jakobusdarstellung. Weitere befinden sich im nördlichen Seitenschiff, in der Maternuskapelle (frühere Jakobuskapelle), im Hochchor und am Dreikönigenschrein.

✞ ⌘ ⊙ Hohe Domkirche St. Petrus

Schon seit jeher ist der Kölner Dom das unübersehbare Wahrzeichen der Stadt am Rhein gewesen. Die Kathedrale vereinigte im Laufe ihres Bestehens einige Superlativen: Sie zählt zu den größten gotischen Sakralbauten weltweit, ist mit über 157 m die zweithöchste Kirche Europas und war mit der Fertigstellung im Jahr 1880 vier Jahre lang das höchste Gebäude der Welt. Seit 1996 gehört der Dom zum UNESCO-Weltkulturerbe.

Petersportal am Kölner Dom

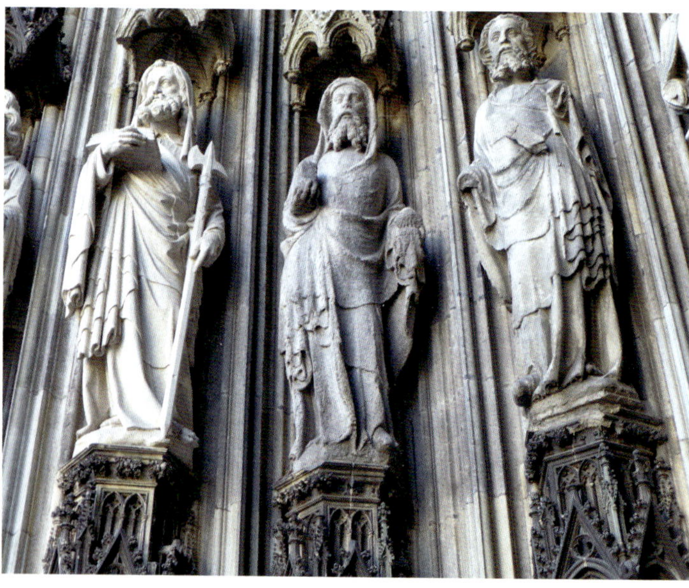

Wie an anderen Stellen der Stadt wurden auch unter dem Dom bauliche Zeugen vergangener Epochen gefunden. Neben Fragmenten aus der Römerzeit entdeckte man fränkische Fürstengräber aus dem 6. Jh., die auf einen frühen Kirchenbau schließen lassen. Aus dieser Zeit ist heute noch ein Baptisterium (Taufraum) erhalten. Um 800 wurde mit dem Bau eines neuen Doms begonnen, der am 27.09.873 geweiht wurde.

Nachdem Erzbischof Rainald von Dassel 1164 die Gebeine der Heiligen Drei Könige aus der Kriegsbeute von Kaiser Friedrich I. von Mailand nach Köln überführt hatte, setzte ein enormer Pilgerstrom ein. Schon bald erkannte man, dass der Dom hierfür zu klein geworden war, und begann 1248 mit dem Bau einer fünfschiffigen Kathedrale. Die Arbeiten zogen sich lange hin. Am 27.09.1322 wurde der Chor geweiht; gleichzeitig erhielten die Reliquien der Heiligen Drei Könige dort eine neue Heimat. Zu Beginn des 15. Jh. baute man noch rege am Südturm, doch dann, 100 Jahre später, stellten die Verantwortlichen die Arbeiten weitgehend ein.

Ende des 18. Jahrhunderts wurde der Dreikönigenschrein vor den französischen Revolutionstruppen in Sicherheit gebracht und kehrte erst nach dem Ende der französischen Besatzung im Januar 1804 aus seinem Exil in Westfalen nach Köln zurück. Es mehrten sich jetzt die Rufe nach einer Vollendung des Doms, zumal man durch Zufall die ursprünglichen Fassadenpläne wiedergefunden hatte. Der preußische König Friedrich Wilhelm IV. legte 1842 den Grundstein zum Weiterbau, der zum Teil mit modernsten Methoden erfolgte. Bereits 1880 wurde im Beisein von Kaiser Wilhelm I. der letzte Stein in die Kreuzblume des Südturmes gesetzt.

Im Zweiten Weltkrieg wurde der Dom beim Bombardement der Alliierten von 70 Bomben getroffen und stark beschädigt. Die Schäden konnten bis 1956 beseitigt werden.

Auch heute wird allerdings noch ständig am Dom gearbeitet, um das Bauwerk instand zu halten und die Folgen der Umweltbelastung zu beseitigen.

Ab dem Roncalliplatz hinter dem Dom ist der Weg in Köln nur sehr spärlich mit der in Europa üblichen stilisierten gelben Jakobsmuschel auf blauem Grund markiert. Frische Markierungen werden innerhalb kürzester Zeit wieder entfernt.

Falls Sie im Dom keinen Pilgerstempel erhalten können, bietet sich noch das Domforum in der unmittelbaren Nachbarschaft an (Domkloster 3, Mo-Sa 9:30-17:00, So 13:00-17:00). Vom Römisch-Germanischen Museum gehen Sie über die Straße Am Hof und weiter geradeaus in die Straße Unter Goldschmied, der Sie bis zur Pipinstraße folgen. Unterwegs passieren Sie neben einem Abschnitt der römischen Wasserleitung auch das historische Rathaus, die Archäologische Zone und das Wallraf-Richartz-Museum.

Unmittelbar nebenan befindet sich die Ruine von ✞ Alt St. Alban. Die Kirche wurde im Zweiten Weltkrieg zerstört, aber nicht wiederaufgebaut. Heute können Sie hier durch ein Gitter die Skulptur „Trauernde Eltern" von Joseph Beuys und Erwin Heerich (nach dem Original von Käthe Kollwitz) und das Kriegsgefangenen-Mahnmal betrachten. Unmittelbar an die Ruine schließt sich die mittelalterliche Festhalle Gürzenich an.

Nach der Überquerung der Pipinstraße gehen Sie in die Kasinostraße, wo sich zu Ihrer Linken der Zugang zu einer der zwölf romanischen Basiliken von Köln, ✞ ⊙ St. Maria im Kapitol ❶, befindet. Hier entdecken Sie bestimmt Jakobus in einem der Fenster im Nordschiff. An der nächsten Kreuzung halten Sie sich rechts und biegen anschließend in die Hohe Pforte nach links ein.

Lassen Sie sich an der Kreuzung mit der Straße Blaubach nicht von den Wegweisern irritieren. Hier zweigt der Jakobsweg von Köln nach Trier, die Via Coloniensis, nach rechts ab.

Jakobsweg Via Coloniensis von Köln nach Trier von Ingrid Retterath, Conrad Stein Verlag, ISBN 897-3-86686-628-7, € 14,90

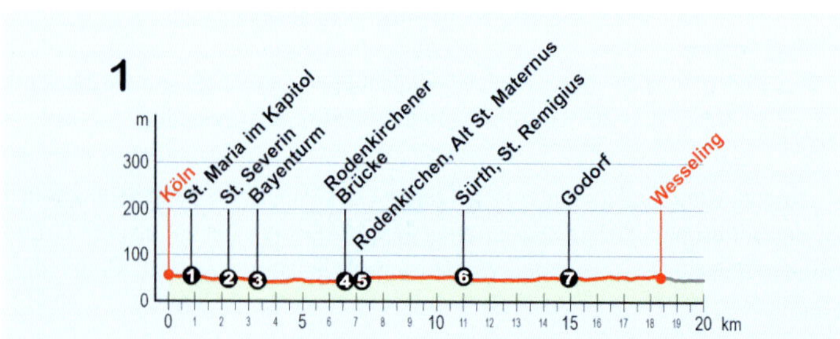

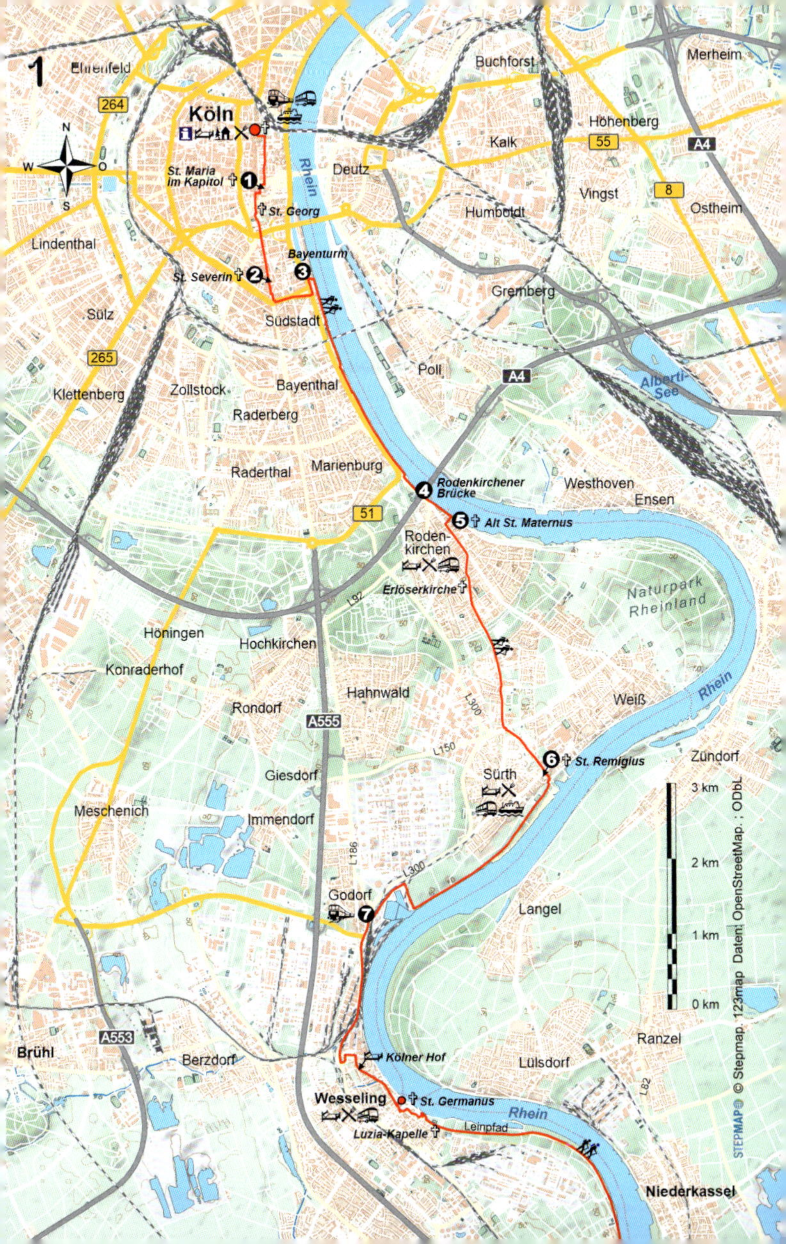
1
Ehrenfeld
264
Köln
St. Maria im Kapitol
St. Georg
Bayenturm
St. Severin
Rhein
Deutz
Buchforst
Merheim
Höhenberg
Kalk
55
A4
Vingst
8
Ostheim
Humboldt
Lindenthal
Gremberg
Sülz
Südstadt
265
Poll
A4
Alberti-See
Klettenberg
Zollstock
Bayenthal
Raderberg
Raderthal
Marienburg
Rodenkirchener Brücke
Westhoven
Ensen
51
Alt St. Maternus
Roden-kirchen
Erlöserkirche
L92
Naturpark Rheinland
Höningen
Hochkirchen
Konraderhof
Hahnwald
L300
Weiß
Rhein
Rondorf
A555
L150
St. Remigius
Zündorf
Giesdorf
Sürth
3 km
Meschenich
Immendorf
L186
L300
2 km
Godorf
Langel
1 km
0 km
Ranzel
Brühl
A553
Berzdorf
Kölner Hof
Lülsdorf
L82
Wesseling
St. Germanus
Rhein
Luzia-Kapelle
Leinpfad
Niederkassel
STEPMAP © Stepmap, 123map Daten: OpenStreetMap, ; ODbL
N
O
S
W

Sie gehen also nicht nach rechts, sondern geradeaus zum Waidmarkt, und stoßen auf die ✞ Basilika St. Georg, in der Ihnen Jakobus in einem modernen Fenster im Westbau begegnet. Vor der Kirche hat die Deutsche St. Jakobus-Gesellschaft eine Informationsstele zum Thema „Wege der Pilger im Rheinland“ aufgestellt.

Sie folgen der Severinstraße und laufen am 2009 durch den U-Bahn-Bau eingestürzten historischen Archiv der Stadt Köln vorbei. Es geht über eine Brücke (überspannt die Zufahrt zur Severinsbrücke), an deren Ende Sie direkt auf das nächste Gotteshaus stoßen. ✞ St. Johann Baptist ist heute das jugendpastorale Zentrum des Erzbistums Köln (CRUX) mit einem angeschlossenen Café. In der nach links abzweigenden Straße An St. Katharinen befinden sich das Kölner Schönstatt-Heiligtum sowie die auf dem ehemaligen Elendsfriedhof errichtete Familienkirche St. Gregorius. Ein Lied der Jakobspilger aus dem Mittelalter enthält die Zeile „Wer das Elend bauen will ...“. Dabei hat das Wort Elend seine Wurzel im Lateinischen (*alienus* = der andere) und bedeutet sinngemäß „in die Fremde gehen“. Damit wird ziemlich genau beschrieben, dass Pilgerinnen und Pilger ihre Heimat verließen und in die Ferne zogen. Auf dem Kölner Elendsfriedhof fanden verstorbene Pilgerinnen und Pilger und Fremde ihre letzte Ruhestätte.

Im weiteren Verlauf der Severinstraße erreichen Sie die ✞ Basilika St. Severin ❷ (⊙ im Pfarrbüro erhältlich: Im Ferkulum 29, hinter der Kirche), die dem dritten Bischof von Köln geweiht ist. Schon bald haben Sie das Ende des Kölner Zentrums erreicht und befinden sich nun in der Südstadt. Hinter der Severinstorburg aus dem 13. Jh. biegen Sie am Chlodwigplatz nach links in den Ubierring ein.

Von hier aus gehen Sie geradeaus auf den Rhein zu, überqueren die Straße Am Bayenturm und wenden sich nach links zu dem südlichen Eckturm der mittelalterlichen Stadtmauer, dem Bayenturm ❸. Heute haben die gemeinnützige Stiftung „FrauenMediaTurm“ und die Redaktion der Zeitschrift „Emma“ ihren Sitz in dem dreistöckigen Gebäude. Sie wenden sich hier nach rechts und gehen in den ehemaligen Rheinauhafen mit der Rheinbastion, wo in den letzten Jahren ein Wohn-, Büro-, Dienstleistungs- und Gewerbegebiet unter Einbeziehung von denkmalgeschützten Gebäuden entstanden ist. Auf der Laura-von-Oelbermann-Promenade setzen Sie Ihre Wanderung in Richtung Süden auf dem Leinpfad fort.

Kurz vor der Südbrücke stand früher einmal die „Wurstbraterei", die Sie sicherlich aus den Kölner Tatortfilmen kennen (inzwischen steht der Imbissstand im Freilichtmuseum Kommern in der Nähe von Mechernich in der Eifel.). Ab hier bleiben Sie weitere 3 km unmittelbar am Rhein.

Am Ufer im Bereich der Rodenkirchener Brücke ❹ liegen einige Schiffe dauerhaft vor Anker. Zunächst treffen Sie auf die Ökologische Rheinstation der Universität zu Köln, danach laden einige schwimmende Gasthäuser zum Verweilen ein.

Der Uferweg steuert in Rodenkirchen unmittelbar auf ein Gasthaus im Fachwerkstil zu, dahinter ragt der Turm ✞ von Alt St. Maternus ❺ (im Volksmund auch als Rodenkirchener Kapelle bezeichnet) aus dem 11. Jh. hervor.

Rodenkirchen BANK ✞, 17.000 Ew.

✞ Alt St. Maternus

Angeblich bauten im 4. Jh. Kölner Bürgerinnen und Bürger zu Ehren ihres ersten Bischofs Maternus das auf einem Felsvorsprung platzierte „Rodenkirchener Kapellchen", da dessen Leichnam an dieser Stelle angelandet sei.

Eine andere Legende besagt, dass sein Nachfolger auf dem Bischofsstuhl, Severin, für die Errichtung der Kapelle verantwortlich gewesen sei. Wahrscheinlicher ist jedoch, dass sie im 10. Jh. als kleine Saalkirche mit halbrunder Apsis und eingestelltem Turm errichtet wurde. Im 15. Jh. erhielt sie ein südliches Seitenschiff und gotisch veränderte Fenster in der Nordwand. Im 17. Jh. wurde vor dem Turm und dem Seitenschiff ein Westbau mit anschließender Sakristei ergänzt. Nachdem 1867 die neue Pfarrkirche St. Maternus geweiht wurde, endete die Nutzung des Kirchleins, das nur aufgrund einer Restaurierung in den Zwanzigerjahren des vergangenen Jahrhunderts vor dem Verfalle bewahrt wurde. Nach dem Zweiten Weltkrieg konnte die Kapelle vor dem Abriss bewahrt werden und die entstandenen Schäden wurden im Zeitraum 1948 bis 1954 beseitigt.

Rodenkirchen ist der südlichste linksrheinische Stadtbezirk von Köln und wurde 1975 eingemeindet. Er liegt am sogenannten Rheinbogen und umfasst 13 Stadtteile, von denen Sie Rodenkirchen, Sürth und Godorf durchwandern.

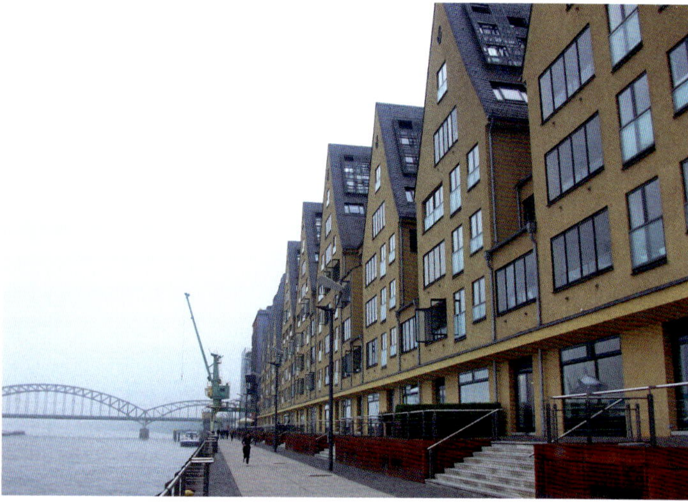

Am alten Rheinhafen

Vor der Kapelle biegen Sie nach rechts in die schmale Kirchstraße ab und gehen bis zur Hauptstraße, an der Sie sich nach links orientieren, um ihr zu folgen. An einer Gabelkreuzung folgen Sie der nach rechts abknickenden Sürther Straße, die nun für rund 3 km Ihr Begleiter sein wird. Sie laufen am Gymnasium Rodenkirchen (⦿ im Sekretariat erhältlich) und an der ✝ evangelischen Erlöserkirche mit dem zugehörigen ⦿ Gemeindebüro (🚪 Di 10:00-12:00, Do 10:00-12:00) vorbei und tauchen kurz danach in ein kleines Waldstück ein. Am Ende des Grünstreifens gehen Sie an einer Friedhofsmauer entlang und erreichen das Areal der Diakonie Michaelshoven. Sie lassen eine Gesamtschule mit Sportgelände links liegen und überqueren schließlich eine große Kreuzung, an der sich eine Tankstelle befindet, geradeaus. Jetzt sind Sie in der Kölnstraße im Stadtteil **Sürth** (🛏 ✕ 🛒 ⚕ BANK 📯 🚌 ⛴, 11.000 Ew.).

Sie bleiben bis zu einer T-Kreuzung weiterhin an dieser Straße. Hier haben Sie noch die Gelegenheit für einen Besuch der rechter Hand liegenden ✝ St.-Remigius-Kirche ❻. Geradeaus führt der Weg über die Sürther Hauptstraße in die Rheinaustraße zum Rheinufer. Sie bleiben ab hier am Rhein. Es sind jetzt noch rund 7 km bis nach Wesseling, Ihrem heutigen Etappenziel.

Vor einem Hafenbecken macht der Weg eine Rechtskurve und folgt damit den Konturen des Hafens, genau auf die Kühltürme eines Kraftwerkes zu. Nach einem Linksknick geht es in den Mühlenhof und leicht bergauf zu einer Brücke über die Bahntrasse.

Der Pilgerweg führt Sie allerdings weiter geradeaus und parallel zu den Gleisen bis zu einer Fußgängerbrücke am Godorfer Bahnhof ❼. Ignorieren Sie das Hinweisschild „Kein Durchgang Richtung Wesseling/Bonn". Sie nehmen auf der Brücke den zweiten Abgang und erreichen unten die stark befahrene Industriestraße, die später Theodor-Heuss-Straße heißt. Auf einem Radweg laufen Sie auf die Anlagen eines Industriekonzerns zu. Leider gibt es zu diesem Wegabschnitt keine Alternative. An der Ampel hinter einer Brücke biegen Sie nach links in einem Bogen zur Brühler Straße ab. Dort gehen Sie nach rechts durch die Brühler Straße und anschließend noch einmal nach rechts in die Kölner Straße, der Sie an der Wesselinger Veranstaltungshalle „Rheinforum" vorbei bis zur ✝ katholischen Pfarrkirche St. Germanus folgen. Den ⊙ Pilgerstempel können Sie als Aufkleber aus einem Kästchen neben dem katholischen Pfarramt entnehmen.

Wesseling

BANK, 37.500 Ew.

Hotel Kölner Hof, Kölner Straße 83, 50389 Wesseling, am Weg, ☏ 022 36/428 41, werner.edelhofer@t-online.de, www.koelnerhofwesseling.de, EZ € 75, DZ € 120, inkl. Frühstück, ⊙

Wegen der zahlreichen Pendlerinnen und Pendler der ortsansässigen Industrie sind in Wesseling nur wenige Unterkunftsmöglichkeiten vorhanden. Alternativ können Sie noch einmal in Köln oder in Bonn übernachten und am Morgen mit der Bahn nach Wesseling zurückkehren, um die zweite Etappe zu starten.

Archäologische Funde aus der Römer- und Frankenzeit lassen auf eine frühe Besiedelung des Gebietes schließen. Bis zum Ende des 18. Jh. war Wesseling eine unbedeutende Stadt, erst dann siedelte sich eine Gerberei an. In der Zeit von 1939 bis 1945 waren bis zu 10.000 Zwangsarbeiter für die ansässigen Industriebetriebe in der Umgebung von Wesseling untergebracht. Heute wird das Industriegebiet von Wesseling von einem Chemie-Unternehmen und einer Ölraffinerie geprägt. Im Jahr 1975 erfolgte die Eingemeindung zu Köln, die jedoch ein Jahr später schon wieder zurückgenommen wurde.

2. Etappe: Von Wesseling nach Bonn

17 km, 4 Std. 30 Min., ↑ 22 m, ↓ 15 m, ⇧ 43-58 m

0,0 km	⇧ 52 m	Wesseling (St. Germanus)
6,0 km	⇧ 44 m	Widdig (St. Georg)
6,8 km	⇧ 47 m	Uedorf
8,5 km	⇧ 57 m	Hersel (St. Aegidius)
11,4 km	⇧ 49 m	Graurheindorf
17,0 km	⇧ 58 m	Bonn (Münsterbasilika)

Die heutige Etappe führt Sie ohne nennenswerte Höhenunterschiede von der St.-Germanus-Kirche in Wesseling überwiegend am Rhein entlang bis nach Bonn zur Münsterbasilika St. Martin.

Sie gehen von der St.-Germanus-Kirche über die Bonner Straße nach links in die Straße Auf dem Sonnenberg und erneut nach links durch die Parkstraße in den Rheinpark. An einem Spielplatz erreichen Sie den Leinpfad am Rhein und am Ortsende von Wesseling rechter Hand die etwas oberhalb liegende ✞ Luzia-Kapelle. Auf dem Leinpfad bleiben Sie nun für die nächsten knapp 7 km bis **Widdig** (BANK ✞, 2.000 Ew.) und **Uedorf** (900 Ew.).

In Widdig erhalten Sie den ⊙ Pilgerstempel im Pfarrhaus neben der St.-Georg-Kirche ❶ oder im Hotel Rheinterrassen (Römerstraße 99).

Anschließend kommen Sie nach **Hersel** (BANK ✞, 4.700 Ew.) und biegen auf Höhe des Yacht-Clubs Hersel nach rechts auf die oberhalb des Leinpfades liegende Rheinstraße ab. Unmittelbar an dieser Straße befinden sich die ✞ St.-Aegidius-Kirche ❷ sowie das ehemalige Ursulinenkloster.

Andrea Stens, Rheinstraße 161, 53332 Hersel, 100 m vom Weg entfernt, 01 72/590 59 22, andrea.stensi@googlemail.com, Ü 28 € p. P., inkl. Frühstück. Es können max. 2 Pilgerreisende aufgenommen werden, nur Nichtraucher, Hund auf Nachfrage kostenfrei möglich, ⊙.

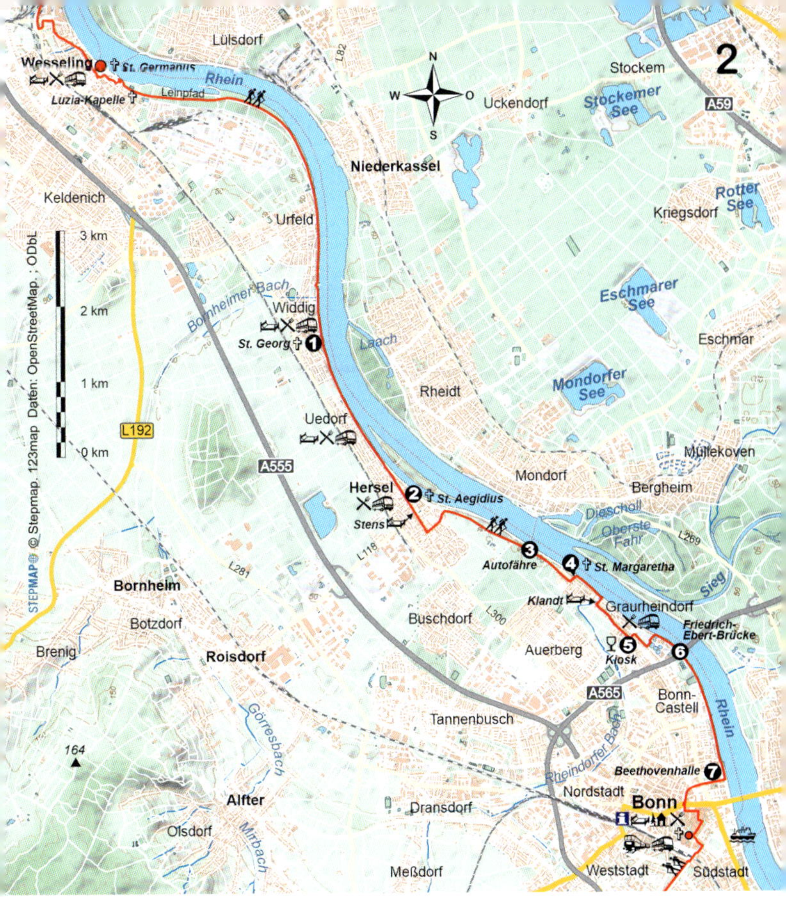
2
Wesseling
St. Germanus
Luzia-Kapelle
Leinpfad
Rhein
Lülsdorf
L82
N
W
O
S
Stockem
Uckendorf
Stockemer See
A59
Niederkassel
Keldenich
Urfeld
Kriegsdorf
Rotter See
3 km
2 km
1 km
0 km
STEPMAP © Stepmap, 123map Daten: OpenStreetMap, ODbL
Bornheimer Bach
Widdig
St. Georg
Laach
Eschmarer See
Eschmar
Rheidt
Mondorfer See
L192
Uedorf
A555
Müllekoven
Mondorf
Hersel
St. Aegidius
Bergheim
Stens
Diescholl
Oberste Fahr
L269
L118
Autofähre
St. Margaretha
L281
Sieg
Bornheim
Klandt
Graurheindorf
Botzdorf
Buschdorf
L300
Friedrich-Ebert-Brücke
Brenig
Roisdorf
Auerberg
Kiosk
A565
Bonn-Castell
Tannenbusch
Görresbach
Rhein
164
Rheindorfer Bach
Beethovenhalle
Nordstadt
Alfter
Bonn
Dransdorf
Olsdorf
Mirbach
Meßdorf
Weststadt
Südstadt

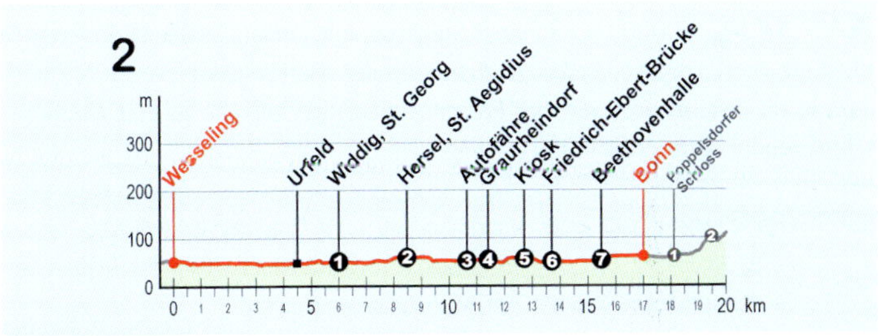
2
m
300
200
100
0
Wesseling
Urfeld
Widdig, St. Georg
Hersel, St. Aegidius
Autofähre
Graurheindorf
Kiosk
Friedrich-Ebert-Brücke
Beethovenhalle
Bonn
Poppelsdorfer Schloss
0 1 2 3 4 5 6 7 8 9 10 11 12 13 14 15 16 17 18 19 20 km

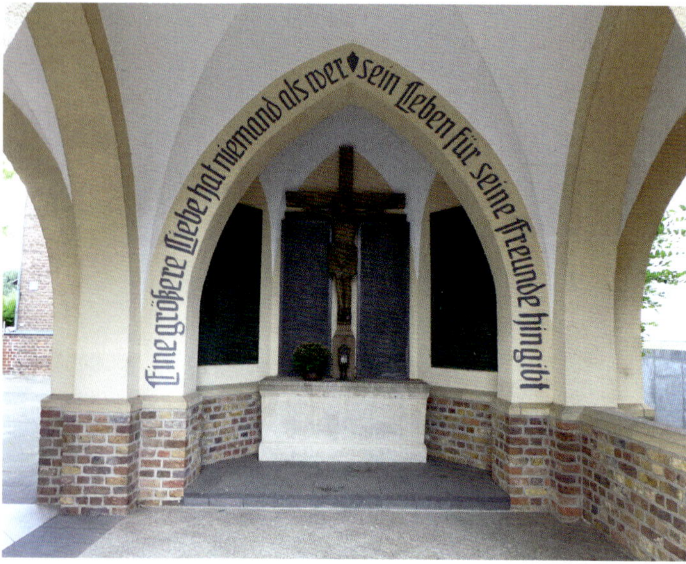

Gedenkstätte an der St.-Margaretha-Kirche

Schließlich wandern Sie auf Höhe des Hauses 85 (mit einem großen roten Tor) nach links in die Bayerstraße über einen Kreisverkehr hinweg bis zu einem ehemaligen Sportplatz, an dem Sie nach rechts in den Auenweg gehen.

Dieser mündet kurz vor der Autofähre Mondorf-Graurheindorf ❸ in den Milchgassenweg und die Straße An der Pfaffenmütze. Auf Höhe des Margarethenplatzes geht es nach links zur ✞ St.-Margaretha-Kirche ❹ und zum Rheinufer. Erneut bleiben Sie auf dem Leinpfad, bis Sie diesen in **Graurheindorf** (✕ 🛒 ⚕ BANK 📯 🚌, 3.000 Ew.) an einer Stahltreppe bei einem Wassersportverein in Richtung Mertensgasse verlassen. Am Ende der Mertensgasse biegen Sie nach links in die Estermannstraße ein. Passen Sie auf den Verkehr auf, die Straße ist schmal und es existiert kein Bürgersteig.

🛏 Gästezimmer Klandt, Estermannstraße 130, 53117 Graurheindorf, am Weg, ☎ 02 28/689 96 58, ✉ goetterfunken.bonn@gmx.de, ab € 64 p. P., Gemeinschaftsbad über den Hof, Küchennutzung möglich

Schon bald dürfen Sie an einem Kiosk ❺ nach links in die Werftstraße gehen. Nach wenigen Schritten biegen Sie nach rechts in die Karl-Legien-Straße ab, um am Ende einer mit Holz beschlagenen Wand dem Fahrradweg in Richtung Bonn nach links zu folgen. Wieder am Rhein angekommen, sehen Sie von Weitem bereits die Silhouette der Friedrich-Ebert-Brücke ❻, unter der Sie schon bald durchlaufen werden.

Sie gelangen an das Fritz-Schroeder-Ufer, laufen an einer rumänisch-orthodoxen Holzkirche vorbei und biegen direkt hinter der Bonner Beethovenhalle ❼ nach rechts in die Theaterstraße. Sie überqueren die Welschnonnenstraße und danach die Kölnstraße, wo links die Türme der ✞ Stiftskirche erscheinen.

Sie gehen über die Kölnstraße geradeaus in die Kasernenstraße, queren die Oxfordstraße und biegen nach links in die Friedrichstraße ab. An der folgenden Kreuzung geht es rechts weiter in die Bonngasse, wo sich die ✞ ⊙ Namen-Jesu-Kirche befindet (Di, Mi 11:30-14:30, Do-Sa 11:30-17:30, So, Feiertage 14:30-17:30), die Bischofskirche des deutschen Bistums der Alt-Katholiken. Zum Tagesziel, dem Bonner Münster St. Martin, folgen Sie der Bonngasse geradeaus und biegen nach links auf den Markt mit dem alten Bonner Rathaus ein.

Weiter geht es am nächsten rechten Abzweig über Marktbrücke und Remigiusstraße bis zum Münsterplatz und dem ✞ Bonner Münster. Einen weiteren Pilgerstempel können Sie im Kirchenpavillon am Kaiserplatz erhalten (☞ Seite 48 und 51).

Bonn

327.000 Ew.

- **i** Bonn Information, Windeckstraße 1/Münsterplatz, 53111 Bonn; ☏ 02 28/77 50 00, bonninformation@bonn.de, www.bonn.de, Mo-Fr 10:00-18:00, Sa 10:00-16:00, So u. Feiertage 10:00-14:00
- Hotel Freunde schöner Götterfunken, Richthofenstraße 2a, 53117 Bonn-Auerberg, 1,4 km vom Weg entfernt, ☏ 02 28/689 96 58, goetterfunken.bonn@gmx.de, https://freundeschoenergoetterfunken.jimdofree.com/, ab € 75., Frühstück € 9,90 p. P
- ♦ Hotel Garni Bergmann, Kasernenstraße 13, 53111 Bonn, am Weg, ☏ 02 28/63 38 91, info@hotel-bergmann-bonn.de, www.hotel-bergmann-bonn.de, EZ ab € 50, DZ ab € 90, inkl. Frühstück

Hotel Deutsches Haus, Kasernenstraße 19 - 21, 53111 Bonn, am Weg, ☏ 02 28/63 37 77, info@deutscheshaus-bonn.de, www.deutscheshaus-bonn.de, EZ € 94, DZ € 117, Dreibettzimmer € 141, inkl. Frühstücksbüffet, Hunde kostenfrei

♦ BrauHotel Bonn, Brüdergasse 6, 53111 Bonn, 100 m vom Weg entfernt, 01 78/790 34 03, info@brauhotel.com, www.brauhotel.com, Mehrbettzimmer mit Gemeinschaftsbad ab € 25 p. P., DZ ab € 89, Dreibettzimmer ab € 150, ohne Frühstück, kostenlose Kaffee- und Teestation, inkl. Freigetränk in der hauseigenen Craftbier-Bar Balthasar, Fahrradstellplatz

♦ Waldhäuschen, Kiefernweg 26, 53127 Bonn-Venusberg, 500 m vom Weg der 3. Etappe entfernt, ☏ 02 28/28 11 62, info@restaurant-waldhaeuschen.de, www.waldhaeuschen.de, Ü EZ ab € 46, DZ ab € 68

Haus Venusberg, Haager Weg 28-30, 53127 Bonn-Venusberg, 700 m vom Weg der 3. Etappe entfernt, ☏ 02 28/28 99 10, info@haus-venusberg.de, www.haus-venusberg.de, Ü ab € 35 p. P., Frühstück € 9 p. P., Abendessen € 9,60 p. P.

♦ Jugendherberge Bonn, Haager Weg 42, 53127 Bonn-Venusberg, 800 m vom Weg der 3. Etappe entfernt, ☏ 02 28/28 99 70, bonn@jugendherberge.de, www.jugendherberge.de, Ü ab € 38,40, inkl. Frühstück

⌘ Rheinisches Landesmuseum, Colmantstraße 14-16, 53115 Bonn, ☏ 02 28/207 00, info.landesmuseum-bonn@lvr.de, www.rlmb.lvr.de, Di-So 11:00-18:00, Eintritt € 10

⊙ Pastoralbüro, Gangolfstraße 14, 53111 Bonn, ☏ 02 28/985 88 10, www.bonner-muenster.de, Mo-Fr 9:00-12:00, Do 14:00-17:00. Sollte das Pastoralbüro geschlossen sein, bitte auch beim Besucherdienst oder Küster nachfragen, falls anwesend.

✞ ⌘ ⊙ Namen-Jesu-Kirche

Diese wunderschöne, zwischen 1686 und 1717 erbaute Kirche verdankt die Stadt dem damaligen, in Bonn residierenden Kurfürsten und Erzbischof von Köln, Maximilian Heinrich von Bayern. Anlass für den Bau und den Namen war die Auffindung eines Holzstückes 1681 durch einen Holzfäller im Rheinbacher Wald, auf dem er das Christusmonogramm IHS zu erkennen glaubte. Die neue Kirche sollte für die ansässigen Jesuiten sein. Bereits 1774 verließ der Orden aber Bonn und die Kirche wurde am Ende des 18. Jh. von französischen Truppen als Unterkunft

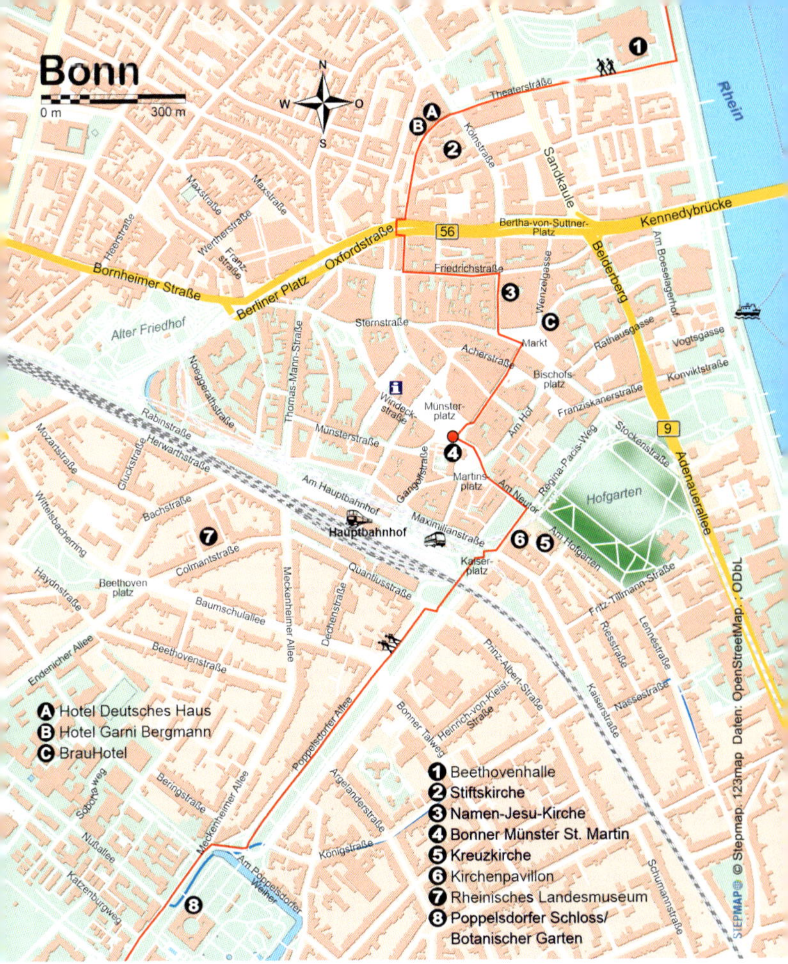

und Pferdestall genutzt. Außerdem wurde die Einrichtung größtenteils vernichtet. Letztendlich ging das Gotteshaus in staatlichen Besitz über, zunächst an Frankreich, danach an Preußen und schließlich bis in die heutige Zeit an das Bundesland Nordrhein-Westfalen. Ab 1877 wurde sie der alt-katholischen Gemeinde als Pfarrkirche überlassen. Nach der Behebung schwerer Kriegsschäden diente die Kirche als römisch-katholische Universitätskirche, in der der spätere Papst

Benedikt XVI während seiner Professur für Fundamentaltheologie (1959-1963) predigte. 2009 verabschiedete sich das Erzbistum Köln aus der Namen-Jesu-Kirche, die nach einer aufwendigen Renovierung seit 2012 vom katholischen Bistum der Alt-Katholiken in Deutschland als Kathedrale und Bischofskirche genutzt wird. Eine Besonderheit verbirgt sich in der Krypta der Kirche: Dort haben die Alt-Katholiken einen Urnenfriedhof eingerichtet, der für Mitglieder ihrer Gemeinden, aber auch Menschen, die sich der Namen-Jesu-Kirche verbunden fühlen, gedacht ist.

Bonner Münster St. Martin

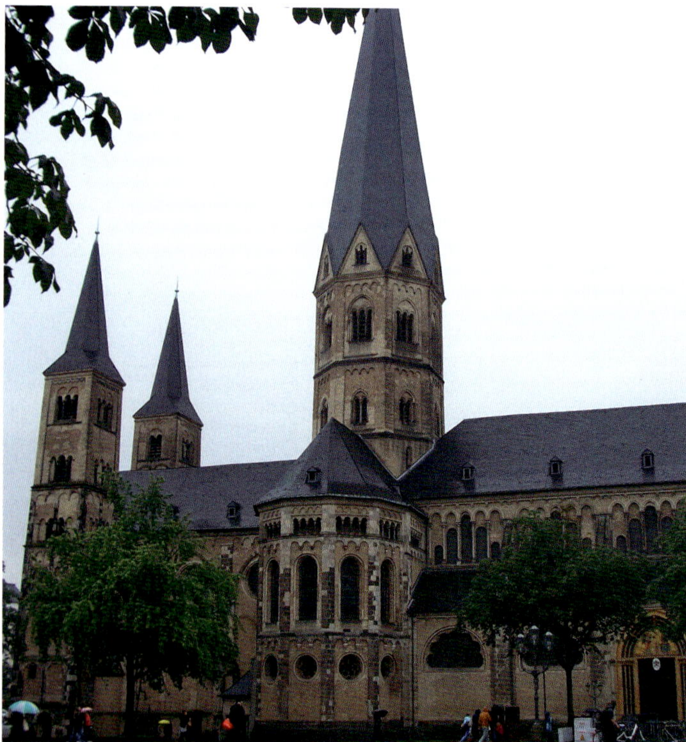

✞ ⌘ Bonner Münster St. Martin

Das Bonner Münster hat seit jeher eine besondere Bedeutung für die Stadt, es wurde sogar im 13. Jh. in das Stadtsiegel aufgenommen. Die Geschichte der ersten sakralen Großanlage im Rheinland ist zunächst eng mit der Römerzeit verbunden. Forschungen haben ergeben, dass bereits im 2. Jh. an der Stelle der Basilika eine römische Kultstätte bestand. Rund 400 Jahre später wurde diese durch einen merowingischen Saalbau ersetzt, in dem schon bald die ersten christlichen Bestattungen vorgenommen wurden. Das Gebäude war ständigen Um- und Anbauten unterworfen. Schon damals wurde es als letzte Ruhestätte der beiden Märtyrer und Bonner Stadtpatrone Cassius und Florentinus verehrt.

So war es kein Wunder, dass im 8. Jh. an dieser Stelle eine nach ihnen benannte Stiftskirche gebaut wurde, die allerdings schon um 1050 einem Neubau weichen musste. In der heutigen Basilika sind aus dieser romanischen Epoche noch die Gruft sowie Teile der Ostkrypta, des Hochchores und des Westbaus erhalten. Im Lauf der Zeit wurde die Kirche grundlegend verändert. So wurde im 13. Jh. ein neues gotisches Langhaus harmonisch mit den romanischen Elementen verschmolzen. Die zumeist barocke Innenausstattung dagegen stammt aus dem 19. und 20. Jh. Nach der umfangreichen Beseitigung der Kriegsschäden und damit verbundenen Renovierungsarbeiten wurde das Gotteshaus 1956 von Papst Pius XII. zur Basilika minor erhoben.

✞ ⌘ Evangelische Kreuzkirche

Eine erste evangelische Kirche am Bonner Kaiserplatz wurde im Zeitraum 1866-1871 erbaut, nachdem das Rheinland zu Beginn des 19. Jh. zu Preußen gehörte und das evangelische Leben sich in Bonn fortlaufend entwickelte. Diese wurde jedoch im Zweiten Weltkrieg durch Bombenangriffe im Oktober und Dezember 1944 völlig zerstört. In der Krypta wurde in den ersten Nachkriegsjahren eine Notkirche eingerichtet, die den Namen Kreuzkirche erhielt. Erst 1951 begann der Bau eines neuen Gotteshauses durch den Trierer Architekten Heinrich Otto Vogel. Nach gut dreijähriger Bauzeit erfolgte 1954 die Einweihung der neuen, schlicht gehaltenen Kreuzkirche.

In den folgenden Jahren gab es weitere Maßnahmen. 1961 wurde der Kirchturm renoviert, 1967 der Umbau der Krypta zum Gottesdienstraum abgeschlossen, 1988 erfolgte eine Außenrenovierung und 2011 die Sanierung der achtseitigen Turmgeschosse. Heute ist die Kreuzkirche mit 1.200 Sitzplätzen die größte evangelische Kirche im Rheinland und die größte in Bonn. 2014 wurde der Kirchenpavillon auf dem Vorplatz gebaut, der für die Citykirchenarbeit des Kirchenkreises dient.

So wie in Köln siedelten die Römer im Bereich der ehemaligen Hauptstadt – heute Bundesstadt mit Sitz zahlreicher Bundesbehörden – Ubier an. Der Bau eines Lagers für die römischen Streitkräfte im Jahr 12 v. Chr. gilt für die Bonner heute als Geburtsstunde der Stadt. Somit gehört Bonn mit seiner über 2.000-jährigen Geschichte zu den ältesten Städten Deutschlands. Aufgrund verschiedener geschichtlicher Ereignisse war die Stadt mehrmals einem Wandel unterworfen.

Erstmals gewann Bonn nach der Schlacht im Teutoburger Wald (9 n. Chr.) an Bedeutung, als hier eine Legion stationiert wurde, was naturgemäß die Ansiedelung von Händlern, Handwerkern und Bauern nach sich zog. Mit dem Untergang des Römerreiches war es dann auch um den Aufschwung Bonns geschehen. Erst sehr viel später, im 9./10. Jh., entstanden neben geistlichen auch kaufmännische Strukturen. Als dann noch die Kölner Kurfürsten Bonn zu ihrer Residenz erkoren, war die rasante Entwicklung nicht mehr aufzuhalten, ihre Bedeutung nahm zu.

1770 wurde mit Ludwig van Beethoven ein ganz Großer der Musikgeschichte in Bonn geboren. Sein Name findet sich in unzähligen Gebäuden, Vereinigungen und Veranstaltungen wieder und auf dem Münsterplatz können Sie ein großes Beethoven-Denkmal bewundern.

Nach den Befreiungskriegen hatten auf einmal die Preußen das Sagen am Rhein, was für Bonn aber kein Nachteil sein sollte. 1818 wurde die Rheinische Friedrich-Wilhelms-Universität Bonn gegründet, die heute auch international ein sehr hohes Ansehen genießt. Die Schäden des Zweiten Weltkrieges hielten sich im Vergleich zu anderen Städten in Grenzen (ca. 30 % der Häuser wurden zerstört). Als dann 1949 die Entscheidung für Bonn als Hauptstadt der Bundesrepublik Deutschland fiel, erfolgte der nächste Schub: Die Stadt wurde wiederaufgebaut und Regierungsgebäude und diplomatische Vertretungen errichtet. Den letzten großen Wandel erlebte Bonn schließlich mit dem Umzug des Bundestages und Teilen der Ministerien nach Berlin im Rahmen des Berlin/Bonn-Gesetzes. Im Gegenzug wurden Büros anderer Bundesbehörden, verschiedener Großunternehmen und der Wissenschaft angesiedelt.

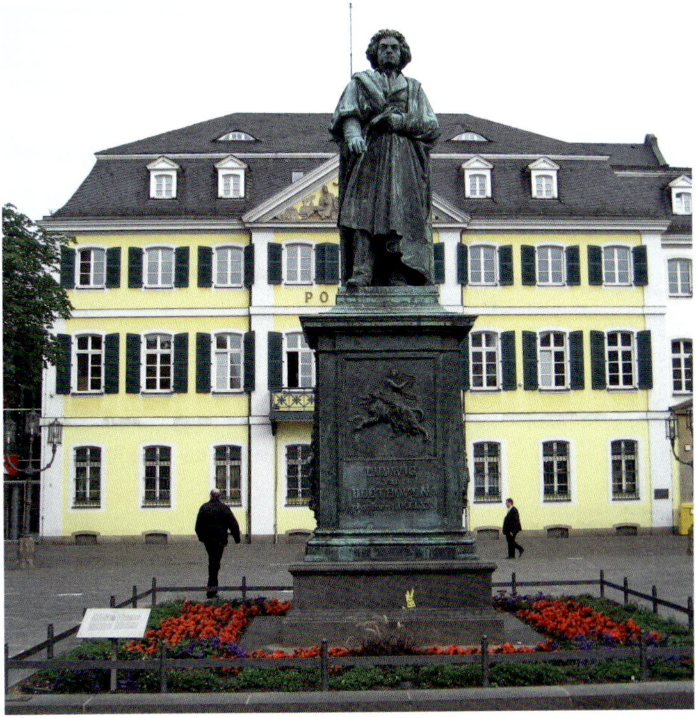

Beethoven-Denkmal

Von 1454 bis zu seiner Zerstörung 1669 befand sich der „St. Jacobus Convent“, ein Hospital für Kranke und Jakobspilgerinnen und -pilger, in der Sternstraße. Im Bonner Münster gab es von 1327 bis 1689 eine Jakobuskapelle, von der aber heute nichts mehr zu sehen ist. Im Rheinischen Landesmuseum widmet sich eine Abteilung dem Thema „Das Rheinland und die Welt“; darin wird auch das Pilgerwesen des Mittelalters mit einigen einzigartigen Exponaten beleuchtet. Eine weitere Sehenswürdigkeit für Pilgerinnen und Pilger ist die Darstellung des Hühnerwunders in der spätromanischen Jakobuskirche aus dem Jahr 1492 in der Nachbargemeinde Alfter-Gielsdorf.

3. Etappe: Von Bonn nach Niederbachem

20,5 km, 5 Std. 30 Min., ↑ 353 m, ↓ 326 m, ⇧ 57-179 m

0,0 km	⇧ 58 m	Bonn (Münsterbasilika)
5,3 km	⇧ 63 m	Bonn-Venusberg (Universitätsklinik)
11,3 km	⇧ 87 m	Bad Godesberg (Burgfriedhof)
15,9 km	⇧ 175 m	Heiderhof (Frieden-Christi-Kirche)
18,5 km	⇧ 162 m	Ließem
19,6 km	⇧ 177 m	Heiligenhäuschen, Abzweig Oberbachem
20,5 km	⇧ 87 m	Niederbachem (mit Bus nach Bad Godesberg)

Auf der heutigen Etappe werden Sie zum ersten Mal in etwas hügelige Regionen gelangen. Aufstiege erwarten Sie auf dem Weg zum Bonner Stadtteil Venusberg und hinter Bad Godesberg. Beide sind jedoch ohne große Probleme zu bewältigen. Ihr Tagesziel wird Niederbachem sein, wo es allerdings keine Unterkünfte mehr gibt. Sie sollten sich über die Touristikbüros über Unterkunftsmöglichkeiten in der Umgebung informieren und müssen unter Umständen Transfers mit dem Bus oder Taxi in Kauf nehmen.

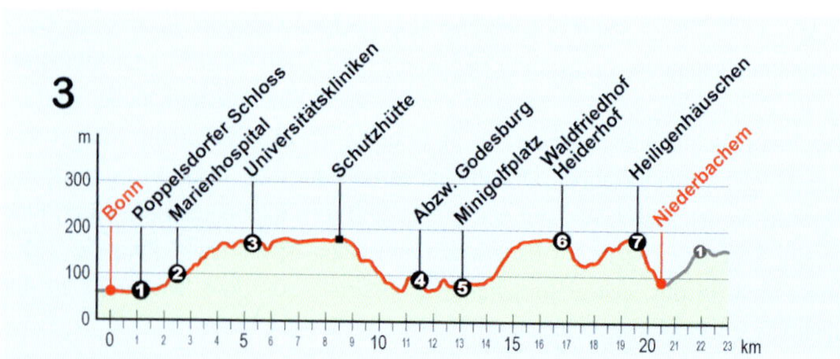

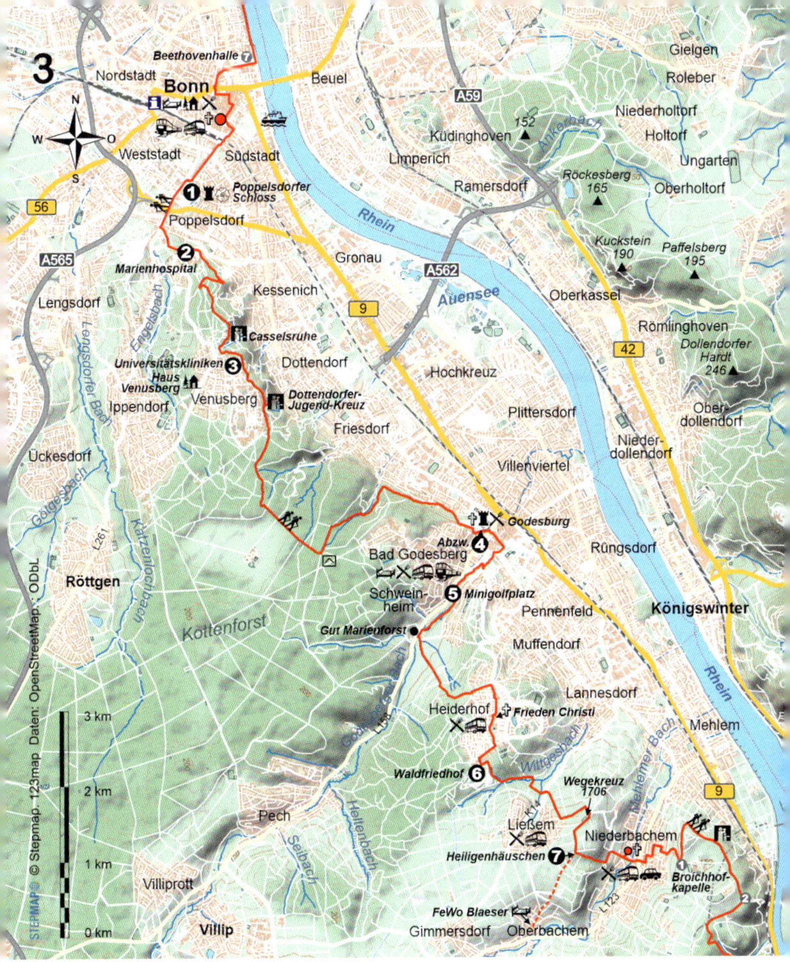

Sie beginnen am Pranger vor dem ✝ Bonner Münster und gehen links an diesem vorbei bis zum Martinsplatz, den Sie überqueren, und gehen in die Straße Am Neutor. Sie erreichen den Kaiserplatz, wo sich der ✕ ⦿ Kirchenpavillon (▯ Mo-Fr 10:00-18:00) und die ✝ evangelische Kreuzkirche befinden. Hier wenden Sie sich nach rechts, überqueren die Maximilianstraße in Richtung eines Brunnens und gehen rechts zu einer Unterführung unter den Bahngleisen.

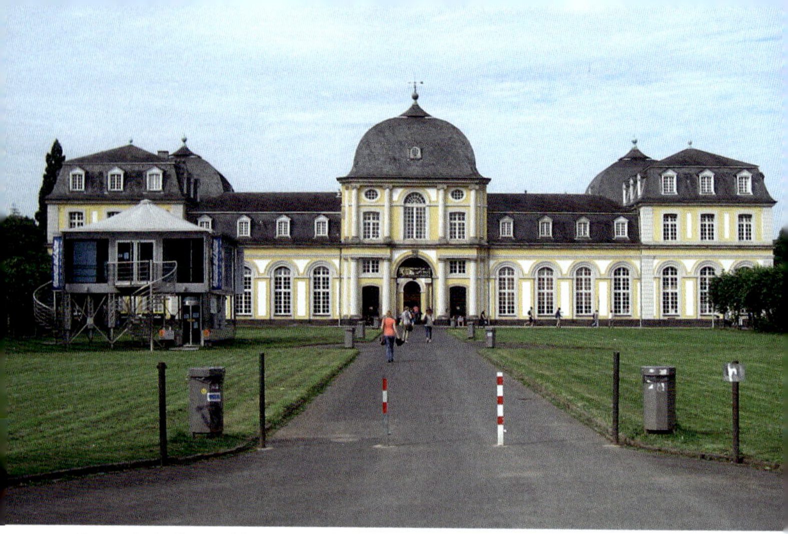

Poppelsdorfer Schloss

Hinter der Unterführung stoßen Sie auf die Poppelsdorfer Allee, die beidseitig mit Kastanienbäumen bepflanzt ist. In der Ferne erkennen Sie bereits das ♜ Poppelsdorfer Schloss ❶, in dem sich das Mineralogische Museum und das Zoologische Institut der Universität Bonn befinden.

Vor dem Eingang zum Schlosspark und dem Wassergraben schwenken Sie nach rechts und laufen bis zur Meckenheimer Allee, der Sie links folgen. Sie passieren den Eingang zum Botanischen Garten und befinden sich jetzt in der Clemens-August-Straße, die von kleinen Geschäften gesäumt ist. Wenige Schritte hinter der Burggartenstraße müssen Sie auf Höhe eines Schnellimbisses nach links in eine unscheinbare Gasse, die Rehfuesstraße, abbiegen. Es handelt sich um einen schmalen, nicht befahrbaren Pfad zwischen Schrebergärten hindurch.

An seinem Ende erreichen Sie eine Straße, der Sie nach links, an einer Tankstelle vorbei, bis zu einer Kreuzung folgen, an der sich auf der gegenüberliegenden Seite das Marienhospital ❷ befindet. Sie wenden sich nach links, überqueren nach ca. 150 m, kurz hinter der Einfahrt zur Tiefgarage des Hospitals, die Straße und nehmen an rot-weißen Absperrpfosten den zunächst mit grobem Asphalt und Schotter versehenen Forstweg in den Wald hinein. Sie bleiben auf diesem geteerten Weg, der sich allmählich aufwärts bis zum Kaiser-Wilhelm-Denkmal windet, und ignorieren sämtliche Abzweigungen.

Am Denkmal halten Sie sich links und wandern an einer löchrigen Betonmauer entlang. Auf Höhe von zwei Ruhebänken beschreibt der Weg eine Rechtskurve. Danach erreichen Sie eine Hotelanlage und den Aussichtspunkt Casselsruhe mit wunderschönem Blick auf Bad Godesberg. Im weiteren Verlauf überqueren Sie noch zwei Wege und befinden sich im Stadtteil Venusberg.

Sie gehen linker Hand auf einem schmalen Pfad am Waldrand parallel zu einer Straße weiter. Schließlich gelangen Sie zu einem Parkplatz, den Sie überqueren müssen. Ab dessen Ende wandern Sie auf einem Kiesweg am Rande von Gebäuden der Universitätskliniken Bonn ❸ entlang, wo sich auch einige Stationen eines Fitness-Trails befinden.

Ein Schild weist Sie auf das Dottendorfer-Jugend-Kreuz hin, das ein paar Schritte abseits vom Weg an einem Aussichtspunkt errichtet wurde. Von hier haben Sie einen herrlichen Ausblick auf das gegenüberliegende Dottendorf, Bad Godesberg und das Siebengebirge am Horizont.

Dottendorfer-Jugend-Kreuz

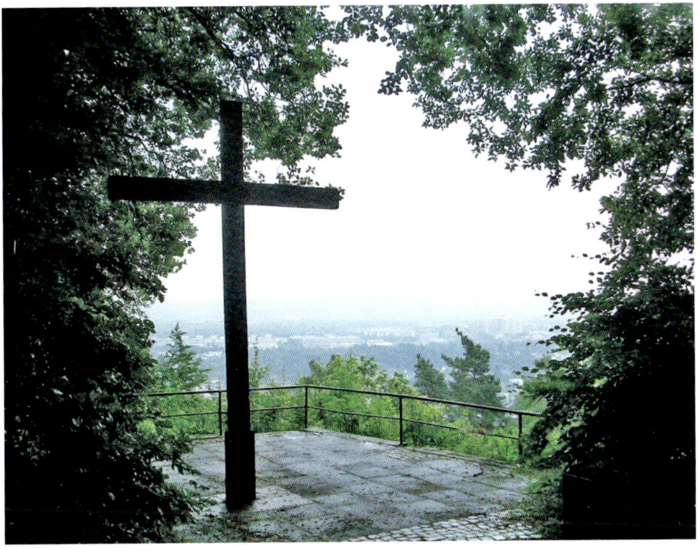

Am Ende der Klinikmauer biegen Sie hinter einem Unterstand nach links in Richtung Bad Godesberg ab. An der nächsten Kreuzung treffen sich fünf Wege, Sie gehen stur geradeaus. Auch die nächste Abzweigung lassen Sie rechts liegen. Kurz dahinter mündet der Kiesweg in einen asphaltierten Weg, der leicht bergab zu einem weiteren Unterstand führt und auf dem Sie vorerst bleiben. Nach einer S-Kurve tut sich vor Ihnen eine lange, von Kastanien gesäumte Gerade auf. Sie überqueren eine Kreuzung mit einigen Hinweistafeln und marschieren auf den Waldrand zu.

An einem kleinen Tümpel mit Holzzaun gehen Sie weiter geradeaus bis zu einer Schutzhütte. Dort biegen Sie scharf nach links ab. Sie erreichen einen Kilometerstein mit der Zahl 118 und biegen vor diesem nach rechts auf einen schmalen Pfad ab, ignorieren die kommende Kreuzung und laufen geradeaus, abwärts in den Wald hinein. Unten angekommen treffen Sie auf einen breiten Schotterweg, auf dem Sie nach rechts weitergehen und am Ende auf den Promenadenweg in **Bad Godesberg** (BANK, 76.000 Ew.) stoßen.

Hotel-Restaurant Sebastianushof, Waldburgstraße 34, 53177 Bad Godesberg, 500 m vom Weg entfernt, 02 28/951 14 00, info@sebastianushof.de, www.sebastianushof.de, EZ ab € 60, DZ ab € 80, Frühstück á la carte zusätzlich buchbar, Hund € 5

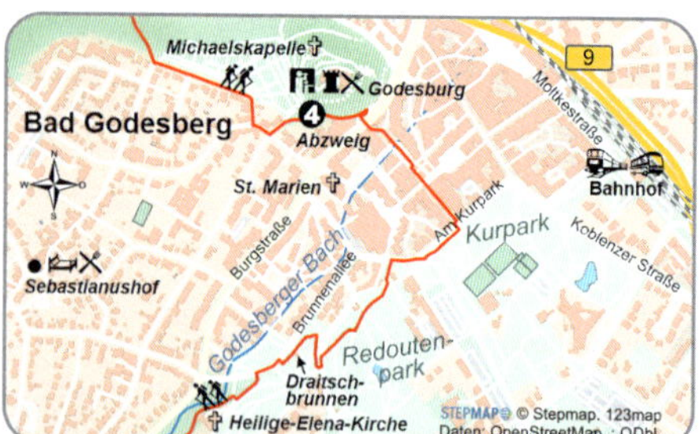

Dem Promenadenweg folgen Sie bis zum Ende und nehmen an der Gabelung den Fußgängerweg rechts bergauf, der auch über einige Treppenstufen führt. Oben angekommen biegen Sie nach links in die Straße Am Burgfriedhof ein. Sie stoßen hinter dem Friedhof abwärtsgehend auf die Winterstraße und erblicken an deren Ende die katholische Pfarrkirche St. Marien. Der markierte Weg zweigt bereits nach ca. 100 m nach links in die Straße Auf dem Godesberg in Richtung Godesburg ab und führt Sie danach in einer scharfen Linkskurve der Straße nach rechts auf einem kleinen Pfad weiter ❹.

↳ Wer einen einzigartig schönen Ausblick auf Bad Godesberg und das Rheintal genießen möchte, sollte ab dieser Kurve den 500 m langen Aufstieg zur ✞ Michaelskapelle und zur ♜ Godesburg wagen. Eine ✗ Gaststätte lädt zu einer Rast ein (☏ 02 28/38 67 88 90, Do-So ab 12:00). In der Eremitage neben der Kapelle erhalten Sie gleich drei ⊙ Pilgerstempel.

In der genannten Linkskurve nehmen Sie den rechts abzweigenden kleinen Pfad, der Sie an drei Kreuzwegstationen vorbei und über eine Brücke zu einer Einkaufspassage bringt. An deren Ende überqueren Sie die Straße, betreten den Kurpark und wenden sich gleich nach rechts. Sie verlassen den Kurpark wieder, überqueren die Kurfürstenallee nahe der Redoute, einem kurfürstlichen Ballhaus aus dem ausgehenden 18. Jh., und gehen in einem kleinen Bogen durch die Straße Am Kurpark bis zum Eingang des Redoutenparks an einem Restaurant. Hier steigen Sie linker Hand über Kopfsteinpflaster aufwärts durch den Park, den Sie allerdings 30 m hinter einer Parkbank schon wieder nach rechts verlassen. Sie überqueren die Elisabethstraße und werden am Beginn der Drachenfelsstraße rechts über eine Treppe abwärts geführt. Nach einer Linkskehre im Wald erreichen Sie den Draitschbrunnen. Sie gehen ein Stück die Brunnenallee entlang und biegen nach links in die Straße Am Draitschbusch ab. Vor der ✞ Heilige-Elena-Kirche der russisch-orthodoxen Mariä-Schutz-Gemeinde Bonn nehmen Sie den rechten Weg, die Marienforster Promenade. Hier passieren Sie zunächst die Kirche und dann einen Minigolfplatz ❺. Über einen schönen Waldweg entlang des Godesbergerbaches erreichen Sie über eine Holzbrücke die L158.

Auf der anderen Straßenseite sehen Sie einige von einer Mauer umschlossene Gebäude des Gutes Marienforst, ein ehemaliges Kloster. An der nächsten Einfahrt biegen Sie zunächst links, dann gleich wieder rechts ab. Vor Ihren Augen liegt der schnurgerade, steil ansteigende Ließemer Weg, die Sie jetzt erklimmen müssen. Sie bleiben bis zu einer Kreuzung auf der asphaltierten Straße, überqueren diese und biegen noch vor einigen mächtigen Eichen nach links aufsteigend ab.

Am Ende des Weges erreichen Sie den Schwarzbirkenweg in **Heiderhof** (✗ BANK ✞ , 5.200 Ew.), dem Sie nach links folgen und der in den Heiderhofring einmündet. In dessen Verlauf überqueren Sie den Magnolienweg und den

Weißdornweg und gelangen an eine Kreuzung mit Zebrastreifen. Dort wenden Sie sich nach rechts auf den mit Verbundsteinen gepflasterten historischen Helenenpfad, der Sie an einem Einkaufscenter vorbei zur ✝ ⊙ katholischen Kirche Frieden Christi führt. Der Helenenpfad geht hinter der Kirche weiter an einer internationalen Schule vorbei bis zum Pappelweg, wo Sie rechts bis zum Breiten Weg weitergehen. Hier biegen Sie nach links ab bis zum Tor des Waldfriedhofes ❻.

Dort gehen Sie auf dem geteerten Weg weiter nach links. Nach rund 100 m geht es rechts auf einem Schotterweg, der später zu einem Grasweg wird, weiter abwärts bis zu einem mit Stahlgeländer versehenen Bachübergang. Dort wandern Sie nach links noch ein Stück durch Wald und erreichen danach ein Stachelbeerfeld.

Auf der rechten Seite des Weges nehmen Sie anschließend die bei Nässe etwas rutschigen Holzstufen, um den Wittgesbach zu überqueren. Sie gehen auf ein großes Gartentor zu, wenden sich davor nach links und laufen bis an die K14. Auf der anderen Seite der Straße müssen Sie noch einmal am Rande von **Ließem** (🍴 🚌, 1.600 Ew.) leicht aufwärts marschieren, bis Sie das Haus mit der Nummer 14 direkt vor sich haben. Hier biegen Sie nach links ab und gehen an Stachel- und Johannisbeerfeldern vorbei auf einen Strommast zu. Am Horizont erkennen Sie die Silhouette des Siebengebirges und des Drachenfels.

Nur wenige Schritte hinter den Obstfeldern steigen Sie rechts über eine Wiese aufwärts bis zum Waldrand. Dort gehen Sie nach rechts und stoßen nach circa 100 m auf einen asphaltierten Wirtschaftsweg. Sie passieren ein Wegkreuz aus dem Jahr 1706 mit einer Ruhebank und dahinter einen Bolzplatz. Dort nehmen Sie den linken Schotterweg, den Sie allerdings an einer Obstplantage schon wieder nach links verlassen.

Vor einem Heiligenhäuschen ❼ wählen Sie den links abknickenden Wiesenweg ins Tal und können jetzt Ihr Tagesziel Niederbachem schon sehen.

↳ Gehen Sie an dem Heiligenhäuschen jedoch geradeaus weiter, erreichen Sie nach 1,3 km Oberbachem, wo es eine der wenigen Unterkünfte auf diesem Abschnitt gibt.

🛏 Ferienwohnung Blaeser, Hochheimer Weg 6a, Oberbachem, 1,3 km vom Weg entfernt, ☎ 02 28/34 18 26, ✉ ferienwohnungen@oberbachem.de, 💻 www.oberbachem.de, Ü 1. Person € 35, 2. Person € 20, inkl. Brotzeit, die auch zum Frühstück reicht, 🐕 1 Hund € 5, ⊙

Unten angekommen biegen Sie links in die Sebastianushöhe und anschließend rechts in den Langenbergsweg ein. An der Kreuzung mit der Mehlemer Straße sehen Sie links die ✞ katholische Pfarrkirche St. Gereon, auf der rechten Seite das moderne ✞ evangelische Gemeindehaus. Hier beenden Sie den heutigen Pilgertag.

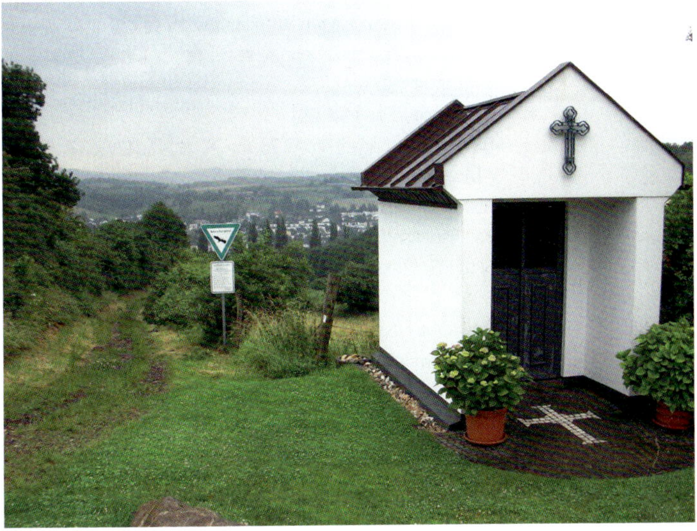

Heiligenhäuschen vor Niederbachem

Niederbachem

✕ ☕ 🛒 ⚕ BANK 📯 ✞ 🚌, 4.300 Ew.

ℹ Rhein-Voreifel-Touristik e. V., Marienforster Weg 14, 53343 Wachtberg, ☏ 02 28/35 02 62 36, ✉ info@rhein-voreifel-touristik.de, 💻 www.rhein-voreifel-touristik.de

✋ In Niederbachem gibt es keine Unterkünfte mehr. Die zuständige Tourist-Info in Wachtberg informiert Sie gerne über weitere Möglichkeiten in der Umgebung.

🚌 🚗 Es gibt in Niederbachem regelmäßige Busverbindungen, z. B. nach Bad Godesberg im Halbstundentakt. Sollten Sie trotzdem einmal Probleme haben, zu Ihrer Unterkunft zu kommen: Taxi Otto, ☏ 02 28/90 29 96 23, ✉ taxi-otto@gmx.net, 💻 www.taxiotto.net

4. Etappe: Von Niederbachem nach Sinzig

23,5 km, 7 Std., ↑ 619 m, ↓ 628 m, ⇧ 60-215 m

0,0 km	⇧ 90 m	Niederbachem
3,3 km	⇧ 178 m	Rolandsbogen
5,1 km	⇧ 110 m	Rolandseck (Abzweig Arp Museum)
8,4 km	⇧ 128 m	Oberwinter (Sportplatz) BANK
9,6 km	⇧ 101 m	Bandorf
11,3 km	⇧ 91 m	Unkelbach BANK
15,9 km	⇧ 92 m	Remagen (Apollinariskirche) BANK
16,6 km	⇧ 66 m	Abzweig Alternativroute über Linz
19,2 km	⇧ 92 m	Bad Bodendorf BANK
23,5 km	⇧ 74 m	Sinzig (St. Peter) BANK

Sie haben heute einen abwechslungsreichen und zugleich anstrengenden Abschnitt vor sich. Zunächst wandern Sie über den Rodderberg, einen erloschenen Vulkankegel, anschließend zum Rolandsbogen und zur Apollinaris-Kirche hoch über Remagen und von dort weiter in die Barbarossastadt Sinzig. Dabei sind Sie sowohl auf dem Rheinhöhenweg als auch auf dem RheinBurgenWeg unterwegs.

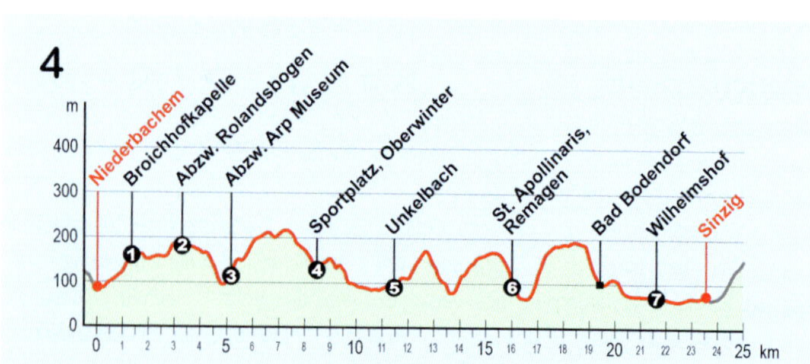

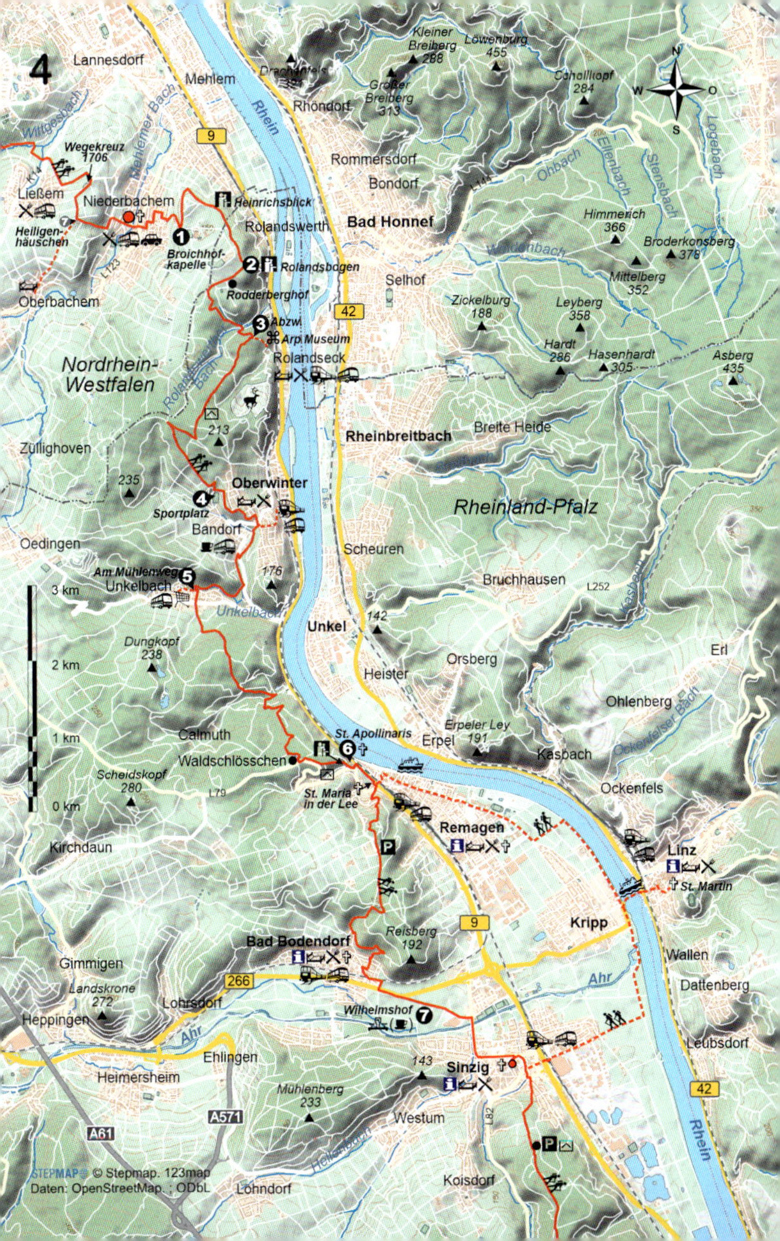
4
Lannesdorf
Mehlem
Drachenfels
Rhöndorf
Kleiner Breiberg 288
Großer Breiberg 313
Löwenburg 455
Schallkopf 284
Rhein
Wittgesbach
Mehlemer Bach
Wegekreuz 1706
Ließem
Niederbachem
Heinrichsblick
Heiligenhäuschen
Rommersdorf
Bondorf
Ohbach
Ellenbach
Stensbach
Logebach
Rolandswerth
Bad Honnef
Himmerich 366
Broderkonsberg 378
Mittelberg 352
Broichhofkapelle
Rolandsbogen
Rodderberghof
Oberbachem
Selhof
Zickelburg 188
Leyberg 358
Abzw.
Arp Museum
Rolandseck
Hardt 286
Hasenhardt 305
Asberg 435
Nordrhein-Westfalen
213
Rheinbreitbach
Breite Heide
Züllighoven
235
Oberwinter
Rheinland-Pfalz
Sportplatz
Bandorf
Oedingen
Scheuren
Am Mühlenweg
Unkelbach
176
Bruchhausen
L252
Unkelbach
Unkel
142
Dungkopf 238
Orsberg
Heister
Erl
Ohlenberg
Ockenfelser Bach
Calmuth
Waldschlösschen
St. Apollinaris
Erpel
Erpeler Ley 191
Kasbach
Scheidskopf 280
St. Maria in der Lee
L79
Ockenfels
Remagen
Linz
St. Martin
Kirchdaun
Kripp
9
42
Bad Bodendorf
Reisberg 192
Wallen
Gimmigen
266
Ahr
Dattenberg
Landskrone 272
Lohrsdorf
Heppingen
Wilhelmshof
Leubsdorf
Ehlingen
143
Sinzig
Heimersheim
Mühlenberg 233
A571
A61
Westum
L82
Koisdorf
Löhndorf
Helfenbach
0 km
1 km
2 km
3 km
STEPMAP © Stepmap, 123map
Daten: OpenStreetMap, ODbL

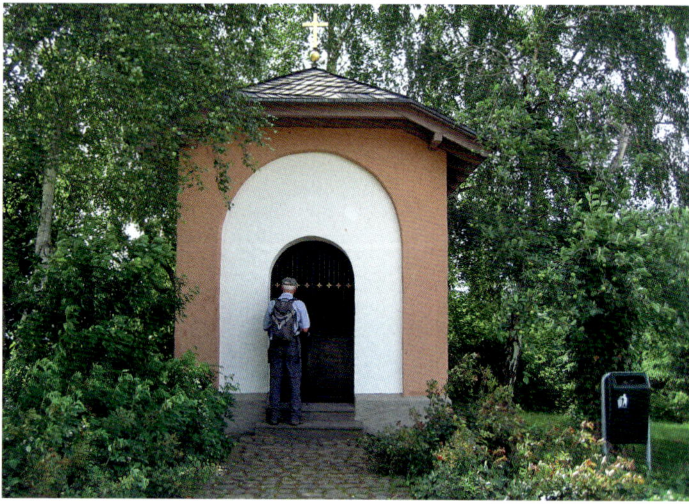

Broichhofkapelle

Sie starten an der katholischen Pfarrkirche St. Gereon, wandern durch die Mehlemer Straße bis zur Kreuzung und dort nach links in die Gereonstraße. Sie unterqueren die L123, gehen bergan und biegen links in die Konrad-Adenauer-Straße. An der nächsten Kreuzung biegen Sie rechts in die Vulkanstraße ein. Nach ca. 100 m biegen Sie in den Kesselsfeldweg ein und bleiben auf diesem bis zur Einmündung des Elsterweges. Dort finden Sie am Haus Nummer 12 einen roten Briefkasten, in dem sich zwei ⊙ Pilgerstempel befinden. Über den Elsterweg erreichen Sie einen Spielplatz, den Sie durchqueren. Danach wenden Sie sich nach rechts in den Habichtweg. Bevor dieser einen Rechtsknick beschreibt, gehen Sie nach links auf einen Fußweg zwischen Häusern hindurch, queren die Drachenfelsstraße und folgen danach links aufwärts der Vulkanstraße bis zur Broichhofkapelle ❶.

Dort nehmen Sie den linken Abzweig und bleiben bis zu einer asphaltierten Straße auf dem Weg. Dann wenden Sie sich nach rechts und gehen am Heinrichsblick vorbei. Von der historischen Richtstätte von Mehlem haben Sie einen wunderschönen Ausblick auf das gegenüberliegende Siebengebirge. Kurz darauf überschreiten Sie die Landesgrenze von Nordrhein-Westfalen und Rheinland-

Pfalz. Von links gesellt sich der am ➪ 🅿 Rolandsbogen ❷ (✕ ☕ ⊙, 🚪 Mi-So 12:00-22:00) beginnende RheinBurgenWeg dazu, an dessen Wegmarkierung Sie sich zusätzlich zu den Jakobswegzeichen orientieren können.

Sie laufen auf der Straße an Walnussbäumen und dem Rodderberghof vorbei. In einer Rechtskurve müssen Sie den Schotterweg geradeaus in den Wald nehmen. An der nächsten Weggabelung bleiben Sie links auf dem Hauptweg durch das Tal des Rolandswerther Bachs, der Sie abwärts bis zu einem Teich bringt. Hinter dem Teich gehen Sie ca. 100 m nach rechts und nehmen dann den folgenden linken, ansteigenden Weg, bis Sie die nächste Kreuzung, die mit einem Hinweisschild zum Arp Museum ❸ versehen ist, erreichen. Der linke, zunächst schmale Pfad, der schon bald in eine Straße mündet, führt an moderner Kunst interessierte Pilgerinnen und Pilger zum Arp Museum oder zum Bahnhof von **Rolandseck** (🛏 ✕ ☕ 🚌 🚆 ⛴, 530 Ew.)

➪ ⌘ Hier werden neben den Werken des Künstlerehepaares Hans Arp und Sophie Taeuber-Arp, beide bedeutende Vertreter des Dadaismus, Werke zeitgenössischer Künstler in Sonderausstellungen gezeigt. Weiterhin wird ein wechselndes musikalisches und literarisches Programm angeboten. Das Museum ist trotz der scheinbaren Nähe nicht unmittelbar vom Weg aus erreichbar. Der Zugang erfolgt über den Bahnhof Rolandseck. Hierzu müssen Sie dem Verlauf der Fahrstraße abwärts folgen.

⌘ Arp Museum Bahnhof Rolandseck, Hans-Arp-Allee 1, 53424 Rolandseck, ☎ 022 28/942 50, ✉ info@arpmuseum.org, 💻 www.arpmuseum.org, 🚪 Di-So/Feiertage 11:00-18:00, Eintritt € 11.

🦌 Wildpark Rolandseck, Am Kasselbach 4, 53424 Rolandseck, ☎ 022 28/433, ✉ info@wildpark-rolandseck.de, 💻 www.wildpark-rolandseck.de, 🚪 Mi - So 10:00-18:00 (15.03.-15.11.), Eintritt € 4,50 p. P. (kein Zutritt für Hunde)

Der Linksrheinische Jakobsweg biegt an der Kreuzung nach rechts ab und windet sich leicht ansteigend durch den Wald. Sie bleiben auf diesem Weg bis zur Dietrichshütte, einem Unterstand. An der Hütte halten Sie sich rechts und gehen auf einem teilweise zerfurchten Waldweg weiter, den Sie bis zu einer umzäunten Lichtung nicht verlassen. Dort wandern Sie rechts weiter, um an der kommenden Kreuzung wieder nach links zu gehen. Hier haben Sie den höchsten Punkt der heutigen Etappe erklommen.

Sie passieren eine weiß-rote Schranke und verlassen den Wald an einer großen Wiese, an der Sie links geradeaus auf einen von Buschwerk gut getarnten Hochsitz und den Waldrand zugehen. Rechts vom Hochsitz führt Sie ein kleiner Pfad abwärts. Sie stoßen an einem Wegweiser auf einen Waldweg, auf den Sie nach links abbiegen. An einem umzäunten Areal macht der Weg einen Rechtsbogen und bringt Sie an den Sportplatz von Oberwinter. Kurz vor dem Sportplatz ❹ gehen Sie nach links und folgen dem Verlauf des Zaunes steil aufwärts bis zu einer hohen Wachholderhecke. An der Hecke nehmen Sie den rechten Wiesenweg und gehen etwas weiter an einer Betonmauer mit Bewuchs geradeaus am Rande von Birgel, einem Ortsteil von **Oberwinter** (BANK, 3.700 Ew.), entlang.

Am Ende des Weges taucht vor Ihnen ein Haus auf, Sie gehen in den Lindenweg und von dort geradeaus in den Rheinhöhenweg. Gegenüber dem Haus mit der Nummer 54 wenden Sie sich nach rechts und wandern abwärts bis zu einer großen Straßenkreuzung. Zwischen den Häusern 55 und 55a, gegenüber einer Sparkasse, geht es auf einem sehr steil abwärts führenden Pfad nach **Bandorf** (, 750 Ew.) hier ist Vorsicht geboten.

Für Tagespilgerinnen und -pilger besteht hier die Möglichkeit, nach 500 m den Bahnhof Oberwinter zu erreichen. Dazu gehen Sie auf der gegenüberliegenden Straßenseite in den abwärts führenden Oelbergweg. An dessen Ende überqueren Sie eine Anwohnerstraße und setzen Ihren Weg geradeaus durch den Lohrbergweg fort. Sie erreichen eine gepflasterte Straße und nehmen gegenüber den steilen Abstieg zum Bahnhof.

Unten angekommen geht es links auf dem St.-Josefs-Pfad entlang eines kleinen Baches weiter bis zur K41, die Sie nach rechts überqueren. Anschließend wandern Sie links in die Straße Am Sümpborn, aus der geradeaus in Richtung der Stromleitung ein Grasweg wird. Dieser mündet in einen asphaltierten Weg, der parallel zur K41 verläuft. Bevor Sie wieder die Landstraße erreichen, biegen Sie nach rechts in einen weiteren Grasweg ein. Sie überwinden eine Kuppe und bleiben bis zum ersten Haus, das von einer Hecke umschlossen ist, auf dem Pfad. Hier biegen Sie links in die Straße Am Mühlenweg ❺ in **Unkelbach** (BANK, 1.200 Ew.) ab.

Im Dorfladen (Mo-Fr 8:30-18:00, Sa 8:30-13:00 und So 8:00-11:00) in der Schulstraße 4 können Sie sich mit Getränken und anderen Waren versorgen. Außerdem erhalten Sie dort einen Pilgerstempel. Sie erreichen den Dorfladen, wenn Sie Unkelbach betreten und am Mühlenweg nach rechts in Richtung Kirche gehen.

Dort wenden Sie sich erneut nach links und gehen rechts in die Wiesenstraße. Vor Ihnen steht ein Backsteinhaus an der Rheinstraße, die Sie geradeaus überqueren. An einer Bank nehmen Sie den linken Weg und laufen an Feldern und Streuobstwiesen entlang in den Wald. Sie bleiben immer auf dem Hauptweg, der Sie hier wieder einmal in höhere Lagen bringt. An einer geschotterten Kreuzung nehmen Sie den rechten Weg und erreichen eine Wiese. Hier gehen Sie nach links auf den Wald und den dort beginnenden Weg zu. Auf einer Baumallee werden Sie abwärts geleitet, Sie halten sich bei einer Abzweigung links und wandern bis zu einer Straße am Taubentalbach, wo Sie am Zaun entlang nach rechts gehen.

Sie nutzen den nächsten Abzweig nach links, passieren eine schwarz-weiße Schranke und erklimmen ein kurzes Steilstück bis zu einem Stahltor. Für Sie geht es nun jedoch scharf rechts weiter aufwärts. An einer Lichtung erreichen Sie eine Kreuzung und laufen nach rechts in den Wald hinein. Im Scheitel einer Rechtskurve beginnt zu Ihrer Rechten ein schmaler Pfad, der Sie zu einem kleinen See und zum Waldschlösschen leitet. An der L79 wenden Sie sich nach links, passieren nach einigen Metern einen Marienbildstock und nehmen an der Straßenkurve den Weg in den Wald. Die Scharfenberger Hütte lassen Sie rechts liegen und erreichen bald die Statue des heiligen Franziskus mit einem herrlichen Blick auf die Apollinariskirche und das Rheintal. Über eine Treppe gelangen Sie zur Wallfahrtskirche ❻ und zum Konventsgebäude in Remagen (BANK, 17.000 Ew.; Infos zum Ort Alternativroute).

✞ Wallfahrtskirche St. Apollinaris

Die erste Kirche auf dem Martinsberg, heute Apollinarisberg, wurde wahrscheinlich im 9. Jh. errichtet. Die Reliquien des hl. Apollinaris stehen im engen Zusammenhang mit denen der Heiligen Drei Könige: Der Überlieferung nach konnte der Kölner Erzbischof Reinald von Dassel am 23.07.1164 bei der Überführung der Reliquien in Remagen erst weiterfahren, als die Gebeine des hl. Apollinaris zum Martinsberg gebracht worden waren.

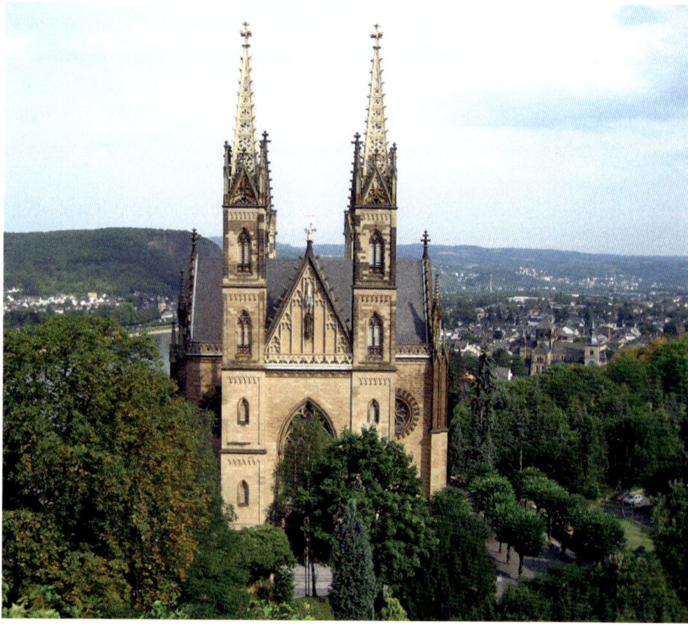

Wallfahrtskirche St. Apollinaris

Die Vorgängerkirche musste wegen Baufälligkeit abgerissen werden. Graf von Fürstenberg-Stammheim ließ eine neue, neogotische Kirche bauen, die 1857 eingeweiht wurde. Seitdem findet jährlich eine zweiwöchige Wallfahrt nach Remagen statt. Besonders beeindruckend sind die 69 großflächigen Bilder aus den Leben Jesu, Mariens und des hl. Apollinaris, die im Laufe von 10 Jahren von den Nazarenern Ernst Deger, Andreas und Karl Müller sowie Franz Ittenbach geschaffen wurden.

Nachdem Sie die Apollinariskirche besichtigt haben, gehen Sie auf dem Kreuzweg bergab in die Fürstenbergstraße zur ✝ Kapelle St. Maria in der Lee.

↳ Hier haben Sie die Möglichkeit, auf einer Alternativroute über Linz am Rhein nach Sinzig zu gelangen (☞ Seite 68).

Hinter der Kapelle werden Sie rechts oberhalb des Zugangs zur Unterführung zur Bergstraße geleitet. Nachdem Sie diese überquert haben, biegen Sie nach links in den sehr steilen Victoriabergweg ein. Nach rund 250 m folgen Sie links der mit Verbundsteinen ausgelegten Straße. Hinter einigen Treppenstufen kreuzen Sie die Waldburgstraße und gehen geradeaus, weiter aufwärts, in die Sackgasse Am Mätes-Knippchen. Schließlich wird die Straße zum Feldweg und rechter Hand sehen Sie ein Tor mit zahlreichen Hufeisen. Gehen Sie am linken Rand der vor Ihnen liegenden Freifläche auf einem Wiesenweg geradeaus zum Waldrand, wo Sie auf die Ruine des 1898 erbauten Hotels Waldburg stoßen. Sie wenden sich nach rechts und laufen oberhalb einiger Häuser entlang. Am letzten Haus, auf Höhe eines Holztores, müssen Sie links in den Wald hineingehen. Sie folgen dem Weg bis zur nächsten T-Kreuzung. Hier biegen Sie zunächst nach rechts und gleich wieder nach links in einen schmalen Pfad ab. Schließlich erreichen Sie am Waldrand einen Parkplatz mit einigen Informationstafeln, den Sie überqueren.

Sie bleiben auf dem schmalen Pfad parallel zur Straße, bis Sie erneut den Wald erreicht haben, und halten sich bis zum alten Judenfriedhof rechts. Dem Friedhof gegenüber verläuft der Jakobsweg halb links an einer Ruhebank und einer großen Freifläche vorbei. Auch an der nächsten Ruhebank verändern Sie Ihre Richtung nicht. Rund 100 m weiter nehmen Sie an einer Weggabelung den rechten Abzweig, dürfen aber nicht verpassen, unmittelbar dahinter noch einmal nach rechts zu gehen. Etwas weiter führt Sie der linke Pfad an der nächsten Kreuzung zum Teil steil abwärts in die Schützenstraße nach **Bad Bodendorf** (BANK, 3.950 Ew.).

Dort gehen Sie nach links ins Peterstal und laufen oberhalb von Bad Bodendorf an Streuobstwiesen vorbei. Circa 150 m hinter einem gelben Haus nehmen Sie den abwärtsführenden schmalen Pfad und gehen weiter bis zu einer Straße. Schräg gegenüber, an einem Spielplatz, biegen Sie in den Zeisigweg, an dessen Ende Sie nach rechts in den Buchfinkenweg und dann nach links in die Hauptstraße laufen. Hinter dem Bahnübergang führt linker Hand ein Grasweg parallel zur Bahnstrecke bis hinter die letzten Häuser des Ortes. Hier gehen Sie rechts zwischen einem Feld und einer Grundstücksbegrenzung weiter und queren in der Nähe der St.-Sebastianus-Kapelle die B266.

Nach dem Ahr-Hochwasser von 2021 sind noch nicht alle Wege und Brücken wiederhergestellt. Deshalb sollten Sie sich nach der Überquerung der B266 direkt nach links wenden und parallel zur Bundesstraße weitergehen.

Rechter Hand passieren Sie den ☕ (🛏) Wilhelmshof ❼, wo es einen kleinen Hofladen gibt und am Wochenende Kaffee und Kuchen angeboten werden. In der Folge laufen Sie am Sinziger Mineralbrunnen vorbei bis zur Kölner Straße. Dort biegen Sie nach rechts ab, gehen bis zu einem Kreisverkehr und sind in der Barbarossastadt Sinzig angekommen.

Sie gehen im Kreisverkehr nach links in die Barbarossastraße, am Haus der offenen Tür vorbei, bis zur Jahnstraße, die Sie überqueren. Anschließend passieren Sie das Sinziger Schloss. Einige Schritte hinter einem Parkhaus sehen Sie auf der anderen Straßenseite eine Statue von Kaiser Barbarossa und schräg dahinter Treppen, die Sie emporsteigen. Die obere Ebene der Treppenstufen ist zugleich ein Denkmal für die Gefallenen der Stadt im Ersten Weltkrieg. Sie verlassen das Denkmal auf der rechten Seite und erreichen den Kirchplatz mit der ✞ romanischen Basilika St. Peter. Hier beenden Sie die heutige Etappe.

Sinziger Schloss

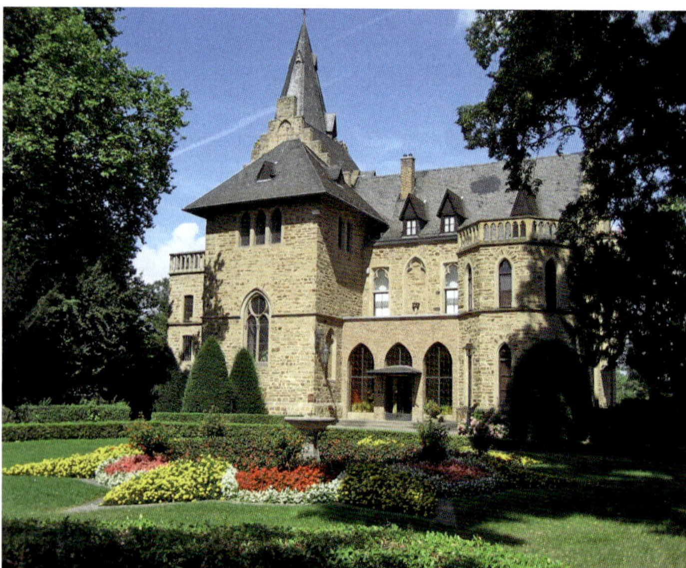

Sinzig

, 17.400 Ew.

Tourist-Service Sinzig, Bachovenstraße 10, 53488 Sinzig, 026 42/98 05 00, tourist-info@sinzig.de, www.sinzig.de, täglich 9:00-12:00 und 14:00-17:00, ⊙

Familie Wetzlar, Gerhart-Hauptmann-Straße 3, 53488 Sinzig, 700 m vom Weg entfernt, 026 42/98 07 64, regina.wetzlar@web.de, Aufnahme nur mit Pilgerausweis, es können maximal 2 Personen auf Spendenbasis aufgenommen werden, ⊙.

Katholische Pfarrkirche St. Peter

Eine erste Vorgängerkirche wird bereits 844 mit dem Patrozinium des Petrus in Verbindung gebracht, von der 1980 Reste von deren Fußboden freigelegt wurden. Für den Bau war das Marienstift in Aachen verantwortlich, dem die Kirche samt dem umliegenden Gelände von Kaiser Lothar I. im Jahr 855 geschenkt wurde. Die heutige romanische dreischiffige Pfeileremporenbasilika wurde zwischen 1215 und 1241 errichtet, wiederum in der Obhut des Marienstiftes. Auffällig sind die architektonischen Ähnlichkeiten mit dem karolingischen Aachener Dom. Besonders sehenswert ist das aus dem Jahr 1480 stammende Triptychon am Hochaltar.

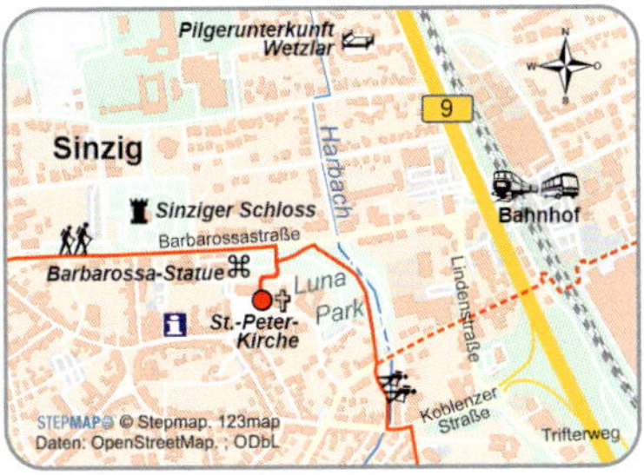

Zur Römerzeit sind hier wahrscheinlich einzelne Höfe zur Versorgung des Kastells von Remagen entstanden. Im Laufe der Jahre wurde zudem die Produktion von Ziegeln und Töpferwaren aufgenommen. Die erste urkundliche Nennung nahm der fränkische König Pippin am 10. Juli 762 vor, als er auf dem fränkischen Hofgut „Sentiaco Palatio" verweilte. Die sich aus dem Königshof entwickelnde Pfalz lag an der bedeutenden Kriegs-, Handels- und Pilgerstraße von Frankfurt nach Aachen. So legten dort immer wieder deutsche Könige und Kaiser auf dem Weg von der Königswahl in Frankfurt zur Krönung nach Aachen eine Reiseunterbrechung ein. Kaiser Friedrich I. Barbarossa war gleich viermal zu Gast in Sinzig – daher der Beiname Barbarossastadt.

Alternativroute ab Remagen über Linz am Rhein nach Sinzig

10,1 km, 3 Std., 52 m, 85 m, 49-88 m

(*Karte 4, Seite 59*)

0,0 km	74 m	Remagen (Apollinariskirche) BANK
6,0 km	87 m	Linz am Rhein (St. Martin) BANK
10,1 km	67 m	Sinzig (Lunapark) BANK

Ab Remagen bietet sich eine Alternativroute des linksrheinischen Jakobsweges über das rechtsrheinische Städtchen Linz am Rhein an. Dort erwartet Sie in der katholischen Pfarrkirche St. Martin die Darstellung einer Pilgerkrönung durch den Apostel Jakobus d. Ä. Die Wegstrecke nach Linz und der Weg zurück zum Linksrheinischen Jakobsweg in Sinzig betragen jeweils ca. 5 km (insgesamt ergibt das eine zusätzliche Strecke von ca. 2 km). Dabei müssen Sie jeweils den Rhein mit der Fähre überqueren.

Remagen BANK, 17.000 Ew.

Tourist-Information, Bachstraße 5, 53424 Remagen, 026 42/201 87, stadtverwaltung@remagen.de, www.remagen.de, Mo-Do 8:30-12:30 u. 13:15-17:00, Fr 8:30-17:00 (Nov bis April jeweils bis 16:00), Sa u. So 10:30-14:30,

Hotel Pinger, Geschwister-Scholl-Straße 1, 53424 Remagen, 250 m vom Weg entfernt, 026 42/938 40, pilger@pingerhotels.de, www.pingerhotels.de, EZ ab € 74, DZ ab € 84, Frühstücksbüffet € 10 p. P.

♦ Ferienwohnung zum Lehnchen (Appartement), An der Stadtmauer 22, 53424 Remagen, 100 m vom Weg entfernt, über Brigitte und Lutz Bleidorn, Koblenzer Straße 15a, 53489 Sinzig, 01 57/71 47 53 40, www.remagen-fewo.de, ab € 35 p. P., Hund € 3/€ 6

♦ Pension Vanoli, Von-Laussaulx-Straße 37, 53424 Remagen, 250 m vom Weg entfernt, 026 42/40 38 70, vanoli@pension-vanoli.com, www.pension-vanoli.com, EZ € 45, DZ € 60, Frühstück ab € 7,50 p. P.

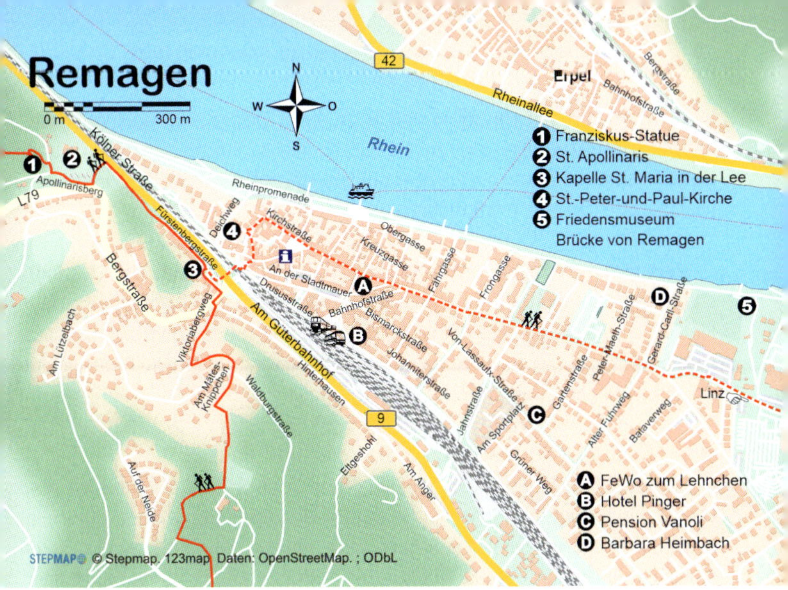

Barbara Heimbach, Rheinpromenade 1, 53424 Remagen, 700 m vom Weg entfernt, 01 51/15 66 54 77, barbara.heimbach@arcor.de, 3 Schlafmöglichkeiten in 50 m²-Appartement in direkter Rheinlage, € 35, Hund auf Anfrage möglich

⌘ Friedensmuseum Brücke von Remagen, am Weg, 026 42/42 89 30 oder 218 63 oder 201 59, An der alten Rheinbrücke 11, 53424 Remagen, info@bruecke-remagen.de, www.bruecke-remagen.de, täglich 10:00-17:00 (07.03.-15.11.), Eintritt € 4,50

Das römische Hilfstruppenkastell Rigomagus gab der Stadt am Rhein vor rund 2.000 Jahren ihren Namen. Auf den Resten des Kastells wurde schließlich um die erste Jahrtausendwende eine Kirche erbaut, die jedoch des Öfteren mehr oder weniger zerstört wurde. Der Chor der Stadtpfarrkirche St. Peter und Paul ist heute der noch älteste erhaltene Teil aus dieser Zeit und beherbergt ein Fresko mit einer Jakobusdarstellung aus dem 13. Jh. Wohl weit über die Stadtgrenzen hinaus bekannt ist die Ludendorff-Brücke von Remagen nach Erpel. Die in den Weltkriegen strategisch wichtige Brücke wurde am 07.03.1945 von den Amerikanern eingenommen. Nach dem Krieg wurde südlich der Stadt das Kriegsgefangenenlager „Goldene Meile" eingerichtet, in dem bis zu 170.000 Menschen untergebracht worden sein sollen. Auf Teilen dieses Geländes befindet sich heute mit dem RheinAhrCampus eine Außenstelle der Hochschule Koblenz. In den Brückentürmen richtete man ein Friedensmuseum ein, das der damalige Bürgermeister Hans Peter Kürten 1980 eröffnete.

Kurz hinter der Kapelle St. Maria in der Lee befindet sich eine Unterführung, durch die Sie ins Zentrum von Remagen gelangen. Nach der Unterführung gehen Sie zunächst ein paar wenige Schritte geradeaus und hinter einem Fachwerkhaus nach links in die Kirchstraße. Sie gelangen zum Kirchplatz mit einem Brunnen und der ✞ katholischen Pfarrkirche St. Peter und Paul.

✞ Katholische Pfarrkirche St. Peter und Paul

Die romanisch-gotische Kirche befindet sich in der Nordwestecke eines ehemaligen römischen Kastells. Baumaterial aus den Überresten des Kastells wurden in einer die Kirche umgebenden Schutzmauer verbaut. Eine erste Kirche ist in Remagen durch eine Urkunde für das Jahr 1003 belegt, durch die der Kölner Erzbischof der Abtei Deutz die Zehntrechte von Remagen übertrug. Doch schon 1198 wurde die Kirche Opfer eines Stadtbrandes, nur wenige Bruchstücke davon sind im westlichen Langschiff erhalten geblieben. Der älteste noch vorhandene Teil vom Nachfolgebau ist der Chor von 1246, nachgewiesen durch eine Tafel an der Außenseite des Bauwerkes. Auch das Mittelschiff stammt wohl noch in großen Teilen aus dieser Zeit. Im 16. Jh. erhielt es jedoch ein spätgotisches Netzgewölbe. Der Dreißigjährige Krieg hinterließ auch in Remagen deutliche Spuren – das Gewölbe im Mittelschiff musste vollständig erneuert werden. Der zugehörige Glockenturm wurde 1662, das Turmgewölbe erst 1674 vollendet. Aufgrund des starken Bevölkerungszuwachses wurde von 1900-1904 durch den Düsseldorfer Baumeister Caspar Clemens Pickel eine neue Kirche an die komplett sanierte alte Kirche angebaut. Diese verlor dabei ihre Seitenschiffe und diente seitdem zunächst als Vorhalle der neuen Kirche. Erst bei einer weiteren Sanierung in den 1980er-Jahren wurde sie wieder als eigenständiger Gottesdienstraum hergerichtet. Bei den Arbeiten um 1900 legte man unter zahlreichen Farbschichten in den Blendarkaden des Chores Wandfresken frei, die wohl aus dem 13. Jh. stammen und wahrscheinlich die Apostel Jakobus d. Ä., Petrus und Johannes zeigen.

Folgen Sie dem Verlauf der Kirchstraße, die am Römischen Museum, einer ehemaligen gotischen Kapelle aus dem 15. Jh., eine Rechtskurve beschreibt und bald am Marktplatz mit dem Rathaus in die Marktstraße mündet. Diese ändert nach circa 400 m auf Höhe der ✞ Hauskapelle des ehemaligen Franziskanerinnenklosters St. Anna erneut den Namen in Alte Straße. Auf dieser bleiben Sie bis kurz hinter dem Ehrenfriedhof. An der folgenden Gabelung, an der sich auf der linken Seite ein kleines Einkaufszentrum befindet, biegen Sie nach links in die Goethestraße ab. Vor der Rheinlandhalle besteht die Möglichkeit, nach links das ⌘ Friedensmuseum im Brückenkopf der im Zweiten Weltkrieg zerstörten Ludendorff-Brücke – besser bekannt als „Brücke von Remagen“ – zu besuchen. Sie passieren ein Schulzentrum, einen Sportplatz und ein Schwimmbad und erreichen nach circa 1 km den RheinAhrCampus sowie die Friedenskapelle Schwarze Madonna.

✞ Kapelle Schwarze Madonna

Nach dem Rheinübergang der Amerikaner im April 1945 errichteten diese entlang des Flusses von Remagen bis Bad Breisig das riesige Durchgangslager „Goldene Meile“ für deutsche Kriegsgefangene. Unter katastrophalen Verhältnissen waren in den beiden Bereichen Remagen und Sinzig bis zur Auflösung im Juli 1945 insgesamt 650.000 Gefangene interniert, die überwiegend unter freiem Himmel leben mussten. Zur Erinnerung an das Lager ließ der damalige Bürgermeister von Remagen und Gründer des Friedensmuseums, Hans Peter Kürten, mitten in das ehemalige Lagergebiet eine Kapelle errichten. Die Grundsteinlegung, an der zahlreiche ehemalige Gefangene teilnahmen, erfolgte am 22. Juni 1985. Seit der Einweihung am 9. Oktober 1987 steht in der Kapelle eine schwarze Madonna, die vom damaligen Gefangenen Professor Adolf Wamper während seiner Zeit im Lager aus dem Lehm der Goldenen Meile gefertigt wurde. Als Mahnung an kommende Generationen ist als Inschrift in der Kapelle zu lesen: „Frühere Fehler dürfen nicht wiederholt werden. Vergeltung ist keine Liebe und Haß kein Boden, auf dem Frieden gedeihen kann.“

Nur wenige Schritte hinter der Kapelle zweigt ein Wirtschaftsweg von der Straße in Richtung Rhein ab. Dort angekommen folgen Sie rechter Hand dem Leinpfad, bis Sie nach 1,5 km zur Rheinfähre Kripp gelangen (🚪 täglich 6:00-24:00, Viertelstundentakt, € 1). Sie setzen mit der Fähre über den Rhein nach

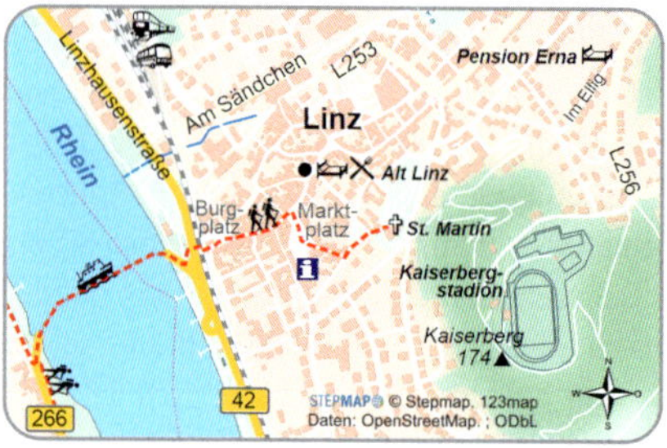

Linz über, laufen vom Anleger die Rampe hoch und nutzen die Unterführung der B42. Auf der anderen Straßenseite wenden Sie sich nach rechts und biegen hinter dem Café Leber links ab in die Stadt zum Burgplatz und geradeaus durch die Rheinstraße zum Marktplatz. Diesen überqueren Sie nach rechts und folgen der Kirchstraße aufwärts. Wenden Sie sich dann nach links, wo Sie an der inzwischen profanierten Marienkirche vorbeilaufen. Schließlich erreichen Sie eine Treppenanlage zur ✝ Martinskirche (⦿, Mai-Okt Mi-So, März-April und Nov Sa und So, jeweils 13:00-17:00) mit den Fußfällen der sieben Schmerzen Mariens.

Linz am Rhein

6.200 Ew.

Tourist-Information, Marktplatz 14, 53545 Linz am Rhein, am Weg, ☎ 026 44/25 26 oder 98 11 25, info@linz.de, www.linz.de, Mai-Okt Mo-Fr 9:00-12:00 u. 13:00-18:00, Sa, So, Feiertage 11:00-16:00, Nov-April Mo-Fr 8:30-12:00 und 13:00-16:30

Hotel-Restaurant Alt-Linz, Mittelstraße 15, 53545 Linz am Rhein, 100 m vom Weg entfernt, ☎ 026 44/24 83, info@alt-linz.de, www.alt-linz.de, EZ ab € 100, DZ ab € 120, inkl. Frühstück, Hund € 10

Pension Erna, Im Ellig 33, 53545 Linz am Rhein, 500 m vom Weg entfernt, ☎ 026 44/28 59, pension-erna@web.de, EZ ab € 35, DZ ab € 45, Frühstück € 7 p. P., Etagenbad, Hund kostenfrei

✝ ⦿ Katholische Pfarrkirche St. Martin

Die romanisch-gotische Kirche befindet sich auf dem höchsten Punkt von Linz am Fuße des Kaiserberges. Es wird vermutet, dass es bereits seit dem 9. Jh. eine hölzerne Vorgängerkirche der Franken gab. Diese wurde zum Ende des 12. Jh. zerstört. Bereits 1206 erfolgte durch den Trierer Bischof und Kurfürsten Johann die Grundsteinlegung für ein neues Gotteshaus, das nach unsicheren Quellen am 24.08.1214, dem Bartholomäustag, dem Heiligen Martin geweiht wurde. Drei

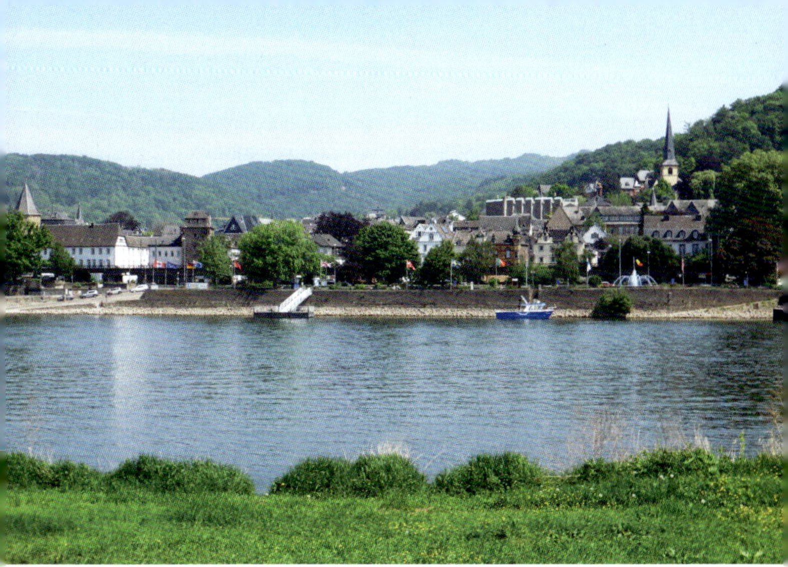

Linz am Rhein mit der St.-Martin-Kirche

Jahre später gelangte die Kirche in die Obhut des Damenstiftes Gerresheim nahe Düsseldorf, das wohl auch als Bauherr anzusehen ist. Bei der Betrachtung des Bauwerkes fallen die unterschiedlichen Stile auf: Der Westturm, die Arkaden und die Chorjochtürme des Langhauses stammen von einem spätromanischen Baumeister, während die spitzbogigen Emporenarkaden sowie der hohe Chor auf einen frühgotischen Baumeister hinweisen. Im Mittelschiff sind noch heute die spätromanischen Wandmalereien von Heiligen aus dem 13. Jh. erhalten geblieben, die jedoch in der Barockzeit übermalt wurden. Erst 1861 wurden diese wahren Schätze wiederentdeckt und 1992 gesichert. In den Jahren 2013/16 erfolgten umfangreiche Sanierungsmaßnahmen, sodass die Bilder nun wieder in frischen Farben erscheinen. Ganz besonders erwähnenswert und sehenswert ist die in Deutschland sehr seltene Darstellung einer Pilgerkrönung durch den Apostel Jakobus d. Ä. nach einer Wallfahrt zu seinem Grab in Santiago de Compostela.

Eine erstmalige nachweisbare Erwähnung erfuhr Linz im Jahr 874 in einer Urkunde der Äbtissin Reginbierg vom Stift Gerresheim bei Düsseldorf als Lincesce oder Lincheste. Aus dieser Zeit dürfte auch der erste Kirchenbau stammen. Doch das heutige Stadtgebiet war bereits deutlich früher belebt. Auf dem nahe gelegenen Hummelsberg wurde bei Ausgrabung eine Ringwallanlage nebst Siedlungsspuren gefunden, die in die Zeit von 600 bis 400 v. Chr. datiert werden konnte. Auch aus dem 8. Jh. wurden bedeutende Grabfunde aus der frühfränkischen Epoche gesichert.

Unter dem Kölner Erzbischof Heinrich II. von Virneburg erlangte Linz zu Beginn des 14. Jh. die Stadtrechte und begann mit dem Bau einer Befestigungsmauer. Schon im Mittelalter war Linz Verwaltungssitz verschiedener Ämter, aber erst 1517 wurde das Rathaus errichtet, das bis heute immer noch die gleiche Funktion wie damals besitzt. Nachdem die Stadt zu Beginn des 19. Jh. zunächst dem Herzogtum Nassau gehörte hatte, wurde sie nach wenigen Jahren Teil der preußischen Rheinprovinz und des Kreises Neuwied. In diese Zeit fällt auch der Abriss der Ratskapelle aus dem 15. Jh. sowie des Großteils der Stadtmauer mit seinen Toren.

Erwähnenswert ist die jahrhundertealte Geschichte des Fährbetriebes zwischen Linz und Kripp auf der anderen Rheinseite. Es existiert im Stadtarchiv eine Urkunde über die Verpachtung der Fährrechte aus dem Jahr 1443 und auch heute noch ist die Stadt Linz an der täglich verkehrenden Rheinfähre beteiligt.

Um wieder auf den Linksrheinischen Jakobsweg zu gelangen, überqueren Sie mit der Fähre wieder den Rhein, wenden sich am Anleger direkt nach links und laufen auf dem Leinpfad parallel zur Straße weiter. Auf diesem bleiben Sie nun 1,5 km. Ungefähr auf der Hälfte der Wegstrecke passieren Sie die Ahrmündung über die neue Brücke – die alte wurde ein Opfer der Ahrflut im Jahr 2021. Schließlich biegen Sie an der zweiten Möglichkeit an der Informationstafel zum Fahrradweg von Sinzig nach Blankenheim nach rechts in einen asphaltierten Wirtschaftsweg ein. Dieser bringt Sie zum Mahnmal zur Erinnerung an die Gefangenenlager „Goldene Meile" und an den Stadtrand der Barbarossastadt Sinzig. Gehen Sie geradeaus durch die Rheinallee, an Wohnhäusern und einem Firmengelände vorbei und nutzen Sie die Unterführung der Bahnlinie. Hinter der Unterführung verläuft die Rheinallee zunächst unter der B9 hindurch und quert danach die Lindenstraße. Auf der anderen Straßenseite gehen Sie weiter geradeaus durch die Rheinstraße und erreichen den Rand des Lunaparkes. Hier können Sie noch die ✞ katholische Pfarrkirche St. Peter besuchen oder bei km 0,4 der 5. Etappe wieder in den Linksrheinischen Jakobsweg einsteigen und nach links durch die Straße Essigkrug weiterpilgern.

5. Etappe: Von Sinzig nach Andernach

23,8 km, 7 Std., ↑ 696 m, ↓ 712 m, ⇧ 59-317 m

0,0 km	⇧ 74 m	Sinzig (St. Peter)
6,2 km	⇧ 91 m	Bad Breisig (St. Viktor)
11,8 km	⇧ 65 m	Brohl-Lützing (St. Johannes d. T.)
16,0 km	⇧ 311 m	Knopshof
20,1 km	⇧ 67 m	Namedy (St. Bartholomäus)
23,8 km	⇧ 65 m	Andernach (Mariendom)

Die Etappe nach Andernach hat einiges zu bieten. Nach beschwerlichen Aufstiegen werden Sie mit wunderschönen Ausblicken in das Mittelrheintal belohnt. In Bad Breisig haben Sie zweimal die Gelegenheit, dem Apostel Jakobus in Kirchen zu begegnen, und ab Namedy pilgern Sie gleichzeitig auf dem Eifel-Camino, der nach Trier führt, und dem Linksrheinischen Jakobsweg.

Preußischer Meilenstein

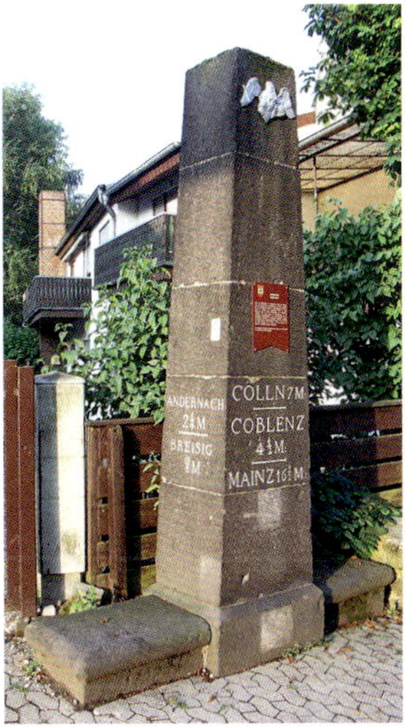

Sie beginnen den Pilgertag an der Basilika St. Peter. Über die Treppe des Gefallenendenkmals steigen Sie zur Barbarossastraße hinab, auf das Sinziger Amtsgericht zu. Rechts geht es weiter auf dem Elsa-Brandström-Ring, der Sie an einem auf dem Weg liegenden Findling vorbei durch den Lunapark führt. Sie kreuzen die Rheinstraße und gehen an den Überresten der mittelalterlichen Stadtmauer und des Wiekhauses entlang bis zur Koblenzer Straße. Rechter Hand befindet sich ein preußischer Meilenstein als einer der wenigen noch an seinem ursprünglichen Platz.

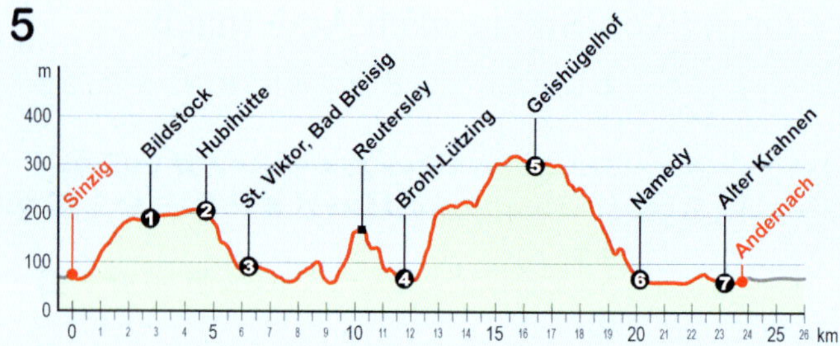

Sie wenden sich jedoch nach links und biegen rechts in die Helenenbergstraße ab, auf der Sie bis zu einem Wendeplatz bleiben.

Dort laufen Sie an dem Haus mit vorgelagerten Treppenstufen rechts aufwärts vorbei. An der nächsten Kreuzung, die mit zwei Ruhebänken versehen ist, halten Sie sich links und gehen weiter auf den Waldrand zu. Dort befinden sich ein Parkplatz und eine Schutzhütte. Kurz darauf folgt eine Weggabelung, an der Sie nach links zu einem Bildstock mit einem Marienmosaik ❶ abbiegen. Sie erreichen an weiteren Ruhebänken einen breiten Weg, auf dem Sie nun bleiben. Kurz darauf ignorieren Sie einen Abzweig nach links und 600 m weiter einen Abzweig nach rechts.

Der breite Weg bringt Sie schließlich auf die Mönchsheide, wo Sie nach Verlassen des Waldes den gleichnamigen Gutshof (✕ ☕) sehen. In Ihrem rechten Blickfeld befindet sich ein Segelflugplatz. Sie wandern am Waldrand entlang bis zur Hubihütte mit Parkplatz ❷ und laufen auf der Fahrstraße abwärts bis zum Parkplatz der Schäferhütte, wo Sie rechts in den Förster-Steffens-Weg abbiegen und in den Bad Breisiger Ortsteil **Oberbreisig** gehen.

Bad Breisig, 9.600 Ew.

ℹ Tourist-Information, Koblenzer Str. 39, 53489 Bad Breisig, ☎ 026 33/456 30, ✉ tourist-info@bad-breisig.de, 💻 www.bad-breisig.de, Mo-Fr 9:00-17:30 (durchgehend), Sa u. So 10:00-13:30 (von Ostern bis Oktober)

🛏 Hotel Fontana, Miebachstraße 7, 53489 Bad Breisig, 200 vom Weg entfernt, ☎ 026 33/475 99 90, ✉ rezeption@fontana-badbreisig.de, 💻 www.fontana-badbreisig.de, EZ € 49, DZ € 79, inkl. Frühstücksbüffet (Anreise nur von 15:00 bis 19:00 möglich)

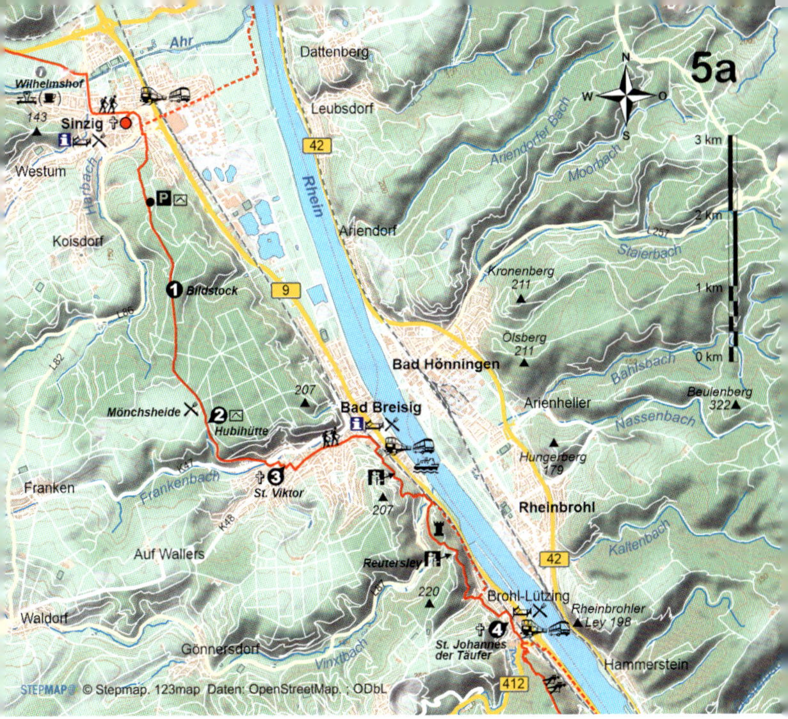

Pension heRHEINspaziert, Biergasse 15, 53489 Bad Breisig, 500 m vom Weg entfernt, ☏ 026 33/475 55 87, info@pension-HeRHEINspaziert.de, www.pension-heRHEINspaziert.de, EZ ab € 45, DZ ab € 55, Frühstück € 9,50 p. P., Hund € 5

Im Tal überqueren Sie die Frankenbachstraße und gehen dann an einem Spielplatz nach rechts in die Brokusstraße, der Sie in einem leichten Linksbogen folgen. Danach laufen Sie gegen die Einbahnstraße in die Straße Im Brinken und überqueren die Wallersstraße, um nach einem Garten mit einem Insektenhotel

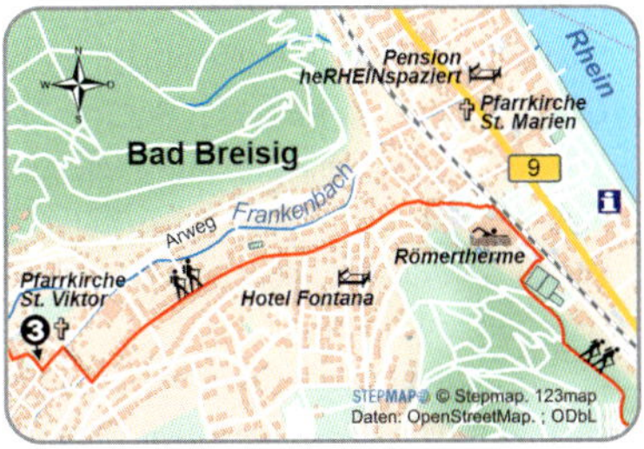

rechts in die Burggasse zu gehen. Schließlich gelangen Sie am Ende der Gasse links in den Burggang und erreichen die ✝ ⊙ romanische Pfarrkirche St. Viktor ❸. Dort können Sie Fresken aus dem 14. Jh. ansehen, unter anderem auch die Darstellung einer Pilgerkrönung durch den hl. Jakobus. Sie wird als Hinweis auf den mittelalterlichen linksrheinischen Pilgerweg nach Santiago de Compostela gedeutet.

Nach dem Kirchenbesuch marschieren Sie über die Hauptstraße zunächst an der Rittergasse vorbei und biegen rechts in die Straße Im Nadgen ein. An deren Ende geht es nach links weiter in die Eifelstraße, bis Sie an einen Kreisverkehr kommen. Dort halten Sie sich rechts und laufen durch die Albert-Mertes-Straße bis zum Parkplatz der ⊙ Römertherme (täglich 9:00-21:00, Mo 10:00-22:00, aktuell wegen Renovierungsarbeiten bis Herbst 2023 geschlossen).

Von hier aus bietet sich ein Abstecher zur ✝ katholischen Pfarrkirche St. Marien an, wo Sie am rechten Seitenaltar auf einem Antependium eine Jakobusdarstellung erwartet. Sie gehen dazu vom Eingang des Parkplatzes nach links in die Quellenstraße und biegen dann nach rechts in die Mittelstraße ab. Weiter geht es durch die Bahnunterführung bis zur Koblenzer Straße. Dort befindet sich linker Hand die Kirche. Nebenan im Pfarrbüro wartet ein ⊙ Pilgerstempel auf Sie (Mo-Do 9:30-11:30, Mo u. Do 15:00-17:30). Auf demselben Weg geht es zurück zum Linksrheinischen Jakobsweg.

Sie wenden sich direkt nach Betreten des Parkplatzes nach links und durchqueren, an einem Brunnen und einem Trinkpavillon vorbei, einen kleinen Park. Im Pavillon können Sie Thermalwasser kosten, einen eisenhaltigen Säuerling aus der im Jahr 1912 angebohrten Geyr-Quelle. Sie bleiben ein kurzes Stück auf der Brunnenstraße, verlassen diese aber bereits vor den Tennisplätzen rechts in Richtung Waldrand. Dort befindet sich im Übrigen auch die Förderanlage der Geyr-Quelle. Auf einem schmalen Waldpfad steigen Sie aufwärts, bis Sie einen breiten Schotterweg erreichen, dem Sie nach links folgen. Sie passieren die Mariensäule mit einem schönen Blick in das Rheintal. Diese wurde 1957 zum Dank für die wieder sprudelnde Marienquelle errichtet, die im Krieg durch Bombenabwürfe verschüttet worden war.

Weiter geht es am Eifeldorf vorbei bis zur nächsten Kreuzung, an der Sie nach links abbiegen. An zwei Ruhebänken nehmen Sie wiederum den linken Weg abwärts und erreichen eine Treppe. An dem vor Ihnen liegenden Jägerzaun laufen Sie nach links bis zur Brunnenstraße. Dort wenden Sie sich nach rechts und überqueren auf der Wagram-Brücke den Vinxtbach. Dieser stellte zu Zeiten der Römer die Grenze zwischen den Provinzen Obergermanien mit der Hauptstadt Mainz und Niedergermanien mit der Hauptstadt Köln dar.

☺ Der nachfolgend beschriebene Weg führt auf der Höhe über einen schmalen Pfad an der Hangkante entlang. Personen, die nicht schwindelfrei sind, sollten diesen Abschnitt meiden und stattdessen über die ab der Wagram-Brücke geradeaus führende Artilleriestraße nach Brohl-Lützing gehen.

Vor einem gelben Haus laufen Sie nach rechts und anschließend halb links, um den mit Verbundsteinen belegten Burgweg steil aufwärts in Richtung Burg Rheineck (nicht zu besichtigen) zu erklimmen. Unterwegs gibt es zweimal die Möglichkeit, sich auf einer Bank etwas auszuruhen. An einer Steinsäule verlassen Sie den Fahrweg nach rechts und steigen durch den Wald weiter aufwärts. Nach wenigen Schritten folgen Sie dem Pfad nach links und laufen nun an einem Geländer entlang. Es folgen einige in den Schieferfels geschlagene Stufen bis zu einem weiteren Abzweig.

Hier können Sie nach rechts zum 100 m entfernten, etwas höher gelegenen Aussichtspunkt Reutersley gehen. Dort haben Sie einen wunderschönen Blick auf Burg Rheineck und das Rheintal.

Der Weg windet sich nun am Hang entlang und endet in **Brohl-Lützing** (BANK, 2.500 Ew.) an einigen Treppenstufen in der Straße Im Sauerhals, der Sie abwärts folgen. Durch die Straße Im Lammertal erreichen Sie die Lützinger Straße und eine Ruhebank mit einem Steintisch.

Haus Kiwi, Amselweg 6, 56656 Brohl-Lützing, 150 vom Weg entfernt,
☎ 026 33/808 99 96, haus-kiwi@web.de, 25 € p. P., nur Übernachtung, ⊙

Dort biegen Sie in die verkehrsberuhigte Bergstraße ein und laufen bis zum Haus mit der Nummer 24. Auf der gegenüberliegenden Seite nutzen Sie die abwärtsführende Treppe und folgen dem Braunsbergweg bis zum Bahnübergang.

Hier wenden Sie sich nach rechts in die Johann-Jacobs-Straße und erreichen ✞ ⊙ die katholische Kirche St. Johannes der Täufer ❹, in der Sie einen Pilgerstempel vorfinden. Weiter geht es durch die Josef-Leusch-Straße, wo Sie das Rathaus und einen Brunnen passieren, bis zur Brohltalstraße (B412).

Der Vulkan-Express ist eine Museumsbahn, die von einer Privatinitiative betrieben wird. Die Schmalspurbahn mit einer Spurweite von 1.000 mm verkehrt auf einer Gesamtstrecke von 17,75 km zwischen dem Bahnhof Brohl und Engeln und fährt dabei durch das romantische Brohltal.

♦ Brohltaleisenbahn Vulkan-Express, Bahnhofstraße, ☏ 026 36/803 03, buero@vulkan-express.de, www.vulkan-express.de, von Ostern bis Ende November

☺ Der bevorstehende Abschnitt hat teilweise alpinen Charakter. Sie müssen auf den nächsten 3 km einen Höhenunterschied von rund 260 m unter teils schwierigen Bedingungen bewältigen. Bei schlechtem Wetter, oder wenn Sie schnell vorankommen wollen, sollten Sie die Möglichkeit nutzen, über den Fahrradweg nach Namedy zu gelangen. Diese leichtere Variante ist zudem ca. 4 km kürzer. Dazu biegen Sie nach links in die Brohltalstraße (B412) ab und überqueren auf der Brücke die Bahngleise. In der Brückenmitte geht es rechts weiter in Richtung Andernach, bis Sie am Beginn einer Linkskurve die Straße verlassen können.

Vor einer Halle erreichen Sie die Koblenzer Straße, der Sie parallel zur B9 folgen. An deren Ende sehen Sie auf der rechten Seite ein Wegkreuz (Fornich). Ab hier ist der Eifel-Camino ausgeschildert. Sie gehen in südlicher Richtung bis zur Unterführung der Bahnlinie hinter der Leitplanke an der B9 entlang. Dort folgen Sie dem flachen, asphaltierten Fahrradweg am bewaldeten Hang durch Felder hindurch. Sie passieren einen ⊙ landwirtschaftlichen Betrieb und kurz darauf den Ortseingang mit dem Schloss Burg Namedy. Kurz darauf stoßen Sie auf die von rechts kommende Schlossstraße und den Linksrheinischen Jakobsweg.

Zunächst gehen Sie nach rechts in die Brohltalstraße und gleich wieder nach links in den Weg Am Dicktberg. Hier befindet sich das Betriebsgelände der Brohltaleisenbahn. Sie überqueren die Gleise und beginnen auf einem schmalen Pfad neben dem letzten Haus den steilen Aufstieg. Nach den ersten Serpentinen haben

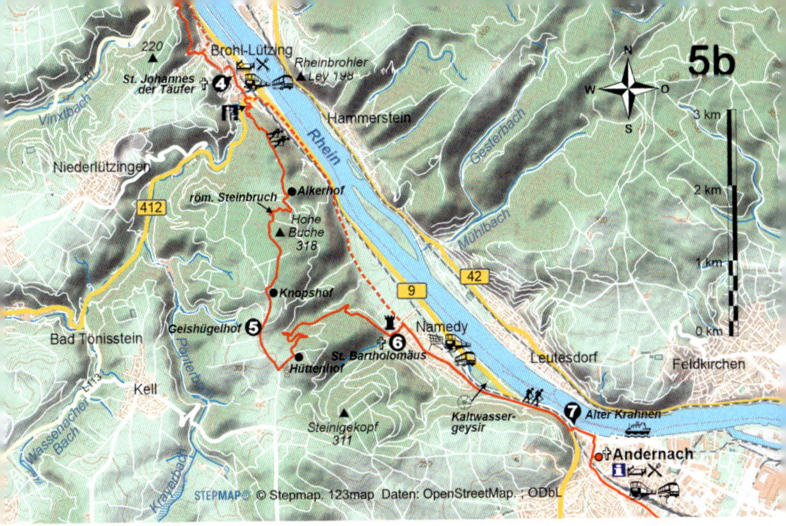

Sie von einem Aussichtspavillon einen traumhaften Blick auf Brohl. Einige Stockwerke höher müssen Sie die sogenannte Eselstreppe bezwingen, die aus in den Fels geschlagenen Stufen besteht und ein Stahlseil als Hilfe anbietet. Sie passieren einen Fahnenmast und haben hier oben ständig wunderschöne Ausblicke auf das Rheintal und das Brohltal.

Sie passieren auf dem Weg rechts eine eisenzeitliche Abschnittsbefestigung, bestehend aus zwei Wällen. Im weiteren Verlauf ignorieren Sie sämtliche Wege, die von rechts auf den Ihrigen stoßen und pilgern immer geradeaus. Dann öffnet sich links von Ihnen der Wald und Sie gehen auf den dort liegenden Alkerhof zu. Sie lassen ihn dann aber links liegen und biegen nach rechts ab. An der nächsten Kreuzung gehen Sie auf dem zweiten, oberen Weg nach links weiter, bis Sie kurz darauf eine lichte Stelle im Wald erreichen, wo sich auf der rechten Seite eine Wand mit Lavaschichten befindet. Diese könnte jedoch je nach Pflegezustand durch Bäume und Sträucher verdeckt sein. Dort nehmen Sie den kleinen Pfad nach rechts aufwärts und gelangen in das Gebiet eines ehemaligen römischen Steinbruches. Auf Schautafeln wird Wissenswertes zum Steinbruch und zum Vulkanismus dargestellt.

An der nächsten Kreuzung wenden Sie sich nach rechts. Nach einem Linksbogen kommen Sie an eine weitere Weggabelung, in deren Mitte zwei Bäume stehen. Sie gehen an diesen Bäumen links geradeaus vorbei und erreichen am

Waldrand das eingezäunte Gelände des Knopshofs. Sie gehen geradeaus am Zaun entlang und biegen dann nach links ab. Auf einer asphaltierten Straße wandern Sie durch Ackerland und freies Gelände und gehen durch den Weiler **Geishügelhof ❺**. Von hier oben aus können Sie sogar die Weinberge von Leutesdorf auf der anderen Rheinseite erkennen.

Etwas weiter sehen Sie am Waldrand bereits den Hüttenhof, auf dessen Zufahrtsstraße Sie nach links laufen. Vor einem neu gebauten Haus biegen Sie links in den Wald ab, nach wenigen Schritten geht es dann noch einmal nach rechts.

Dieser Weg ist mit einer Sperre versehen, die Sie unbedingt nach dem Passieren wieder schließen müssen. Nach einem ersten leichten Abstieg erreichen Sie einen von rechts kommenden Weg, dem Sie nach links durch frisch aufgeforstete Flächen bis zu einer weiteren Kreuzung folgen. Hier müssen Sie scharf nach rechts abbiegen. Sie verlieren ständig an Höhe und kommen schließlich in **Namedy** (🏨 BANK 🚌 🚆, 1.400 Ew.) in der Schlossstraße mit der ✞ katholischen Pfarrkirche St. Bartholomäus ❻ an. Diese ist das einzige Überbleibsel eines 1560 aufgegebenen Zisterzienserinnenklosters. Ein 1972 errichteter moderner Erweiterungsanbau wurde ab 2021 aufgrund erheblicher Schäden wieder abgerissen (auf dem Foto rechts noch vorhanden).

Während Sie weiter abwärts in Richtung Hauptstraße gehen, lugt links von Ihnen der Turm des ♜ Schlosses Burg Namedy hervor. Bei der nächsten Kreuzung biegen Sie rechts in die Hauptstraße ab und pilgern nun auch auf dem **Eifel-Camino**. Sie gehen auf diesem durch den Ort. Trotz des geringen Verkehrsaufkommens sollten Sie vorsichtig sein, denn es gibt keinen Gehsteig. Nun verlassen Sie den Andernacher Stadtteil wieder und passieren zweimal eine Basaltstele mit eingravierter gelber Jakobsmuschel. Sie bewegen sich jetzt auf einem Fahrradweg, dem sogenannten Philosophenweg, der Sie neben der früheren B9, der Bahntrasse und unter der Brücke der neuen B9 hindurch nach Andernach bringt. Dabei passieren Sie das Namedyer Werth, auf dem sich die von hier nicht einsehbare jüngste Attraktion der Stadt Andernach, der welthöchste Kaltwassergeysir, befindet. Am Ende des Fahrradweges gehen Sie durch die Unterführung und überqueren vorsichtig die Kölner Straße. Zu Ihrer Linken sehen Sie den ⌘ Alten Krahnen ❼, einen Hafenkran aus dem 16. Jh. Nur einige Schritte weiter rechts verlassen Sie die Rheinanlagen schon wieder.

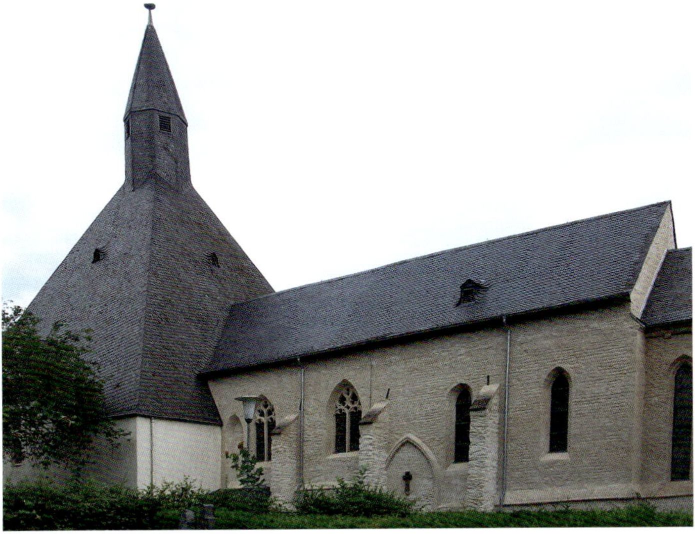

Pfarrkirche St. Bartholomäus

Vor einem kleinen Weinberg mit einer Basaltstele und einer Hinweistafel gehen Sie nach rechts durch eine schmale Gasse und treffen erneut auf die Kölner Straße. Vor Ihnen erhebt sich der ⌘ Runde Turm, das Wahrzeichen von Andernach. Sie überqueren eine Kreuzung, gehen rechts am Turm vorbei und befinden sich in der Agrippastraße. Dann stehen Sie vor der ✝ ⊙ romanischen Liebfrauenkirche (Mariendom) mit ihren vier Türmen. Eine Besichtigung lohnt sich, denn auch die Inneneinrichtung ist beeindruckend. ⊙ Auch im gegenüber angesiedelten katholischen Pfarramt Maria Himmelfahrt (Mo, Di, Do 10:00-12:00 u. 14:00-17:00, Fr 10:00-12:00) ist der Stempel erhältlich.

Andernach

BANK ✝ ⌘, 30.100 Ew.

i Tourist-Information Hochstraße 80, 56626 Andernach, ☎ 026 32/987 94 80, info@andernach.net, www.andernach.de, Mo-Fr 9:00-17:30, Sa 10:00-15:00 (Apr-Okt), Mo-Fr 9:00-16:00, Sa 10:00-13:00 (Nov-März), ⊙

🛏 Hotel Andernacher Hof, Breitestraße 83, 56626 Andernach, am Weg, ☏ 026 32/431 75, ✉ andernacherhof@t-online.de, 💻 www.hotel-andernacher-hof.de, EZ ab € 45, DZ ab € 70, inkl. Frühstück

⌘ Geysir-Erlebniszentrum, Konrad-Adenauer-Allee 40, 56626 Andernach, ☏ 026 32/958 00 80, ✉ info@geysir-andernach.de, 💻 www.geysir-andernach.de, 🚪 Ende März-31. Oktober täglich 9:00-17:00, Eintritt € 18 (inkl. Schifffahrt zum Geysir). Im Geysir-Erlebniszentrum gehen Sie auf Entdeckertour und erfahren alles über das Naturphänomen des Kaltwassergeysirs in Andernach. Anschließend fahren Sie mit einem Schiff zum Gelände des Geysirs und erleben eine bis zu 60 m hohe Wasserfontäne. Im Geysir-Zentrum erhalten Sie ebenfalls den ⊙ Pilgerstempel, der übrigens bei allen genannten Stempelstellen identisch ist.

✝ ⊙ Liebfrauenkirche

Eine erste Kirche wurde wohl schon in der karolingischen Zeit auf einem römischen Militärlager errichtet, jedoch ist über das Aussehen nichts mehr bekannt. Von der Nachfolgekirche aus dem frühen 12. Jh. blieb nur der Nordostturm erhalten. Über den Bau oder die Weihe des Neubaus gibt es keine Informationen mehr. Das Marienpatrozinium der Andernacher Stadtkirche wird durch zahlreiche Darstellungen untermauert. Eine besondere Kostbarkeit stellt das so genannte Ungarnkreuz aus dem 14. Jh. dar. Dieses wurde der Stadt als Dank für die freundliche Aufnahme von ungarischen Pilgerinnen und Pilgern während deren Pilgerfahrten zu den bedeutenden Pilgerstädten Köln und Aachen geschenkt.

Geysir-Erlebniszentrum

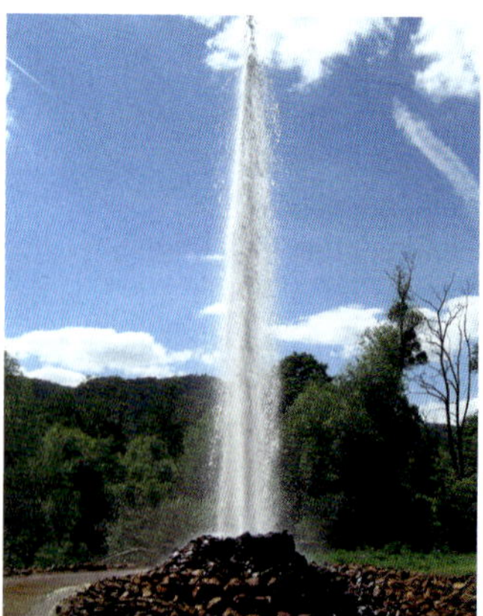

✝ Hospitalkirche St. Josef

Mitte des 17. Jh. wurde dem in Frankreich gegründeten Annunziaten-Orden die Erlaubnis gegeben, sich in Andernach niederzulassen und ein Kloster zu gründen. Die Klosterkirche wurde im Zeitraum 1736 bis 1739 erbaut. Nach dem Einmarsch der französischen Truppen wurde das Kloster 1802 aufgehoben. Die

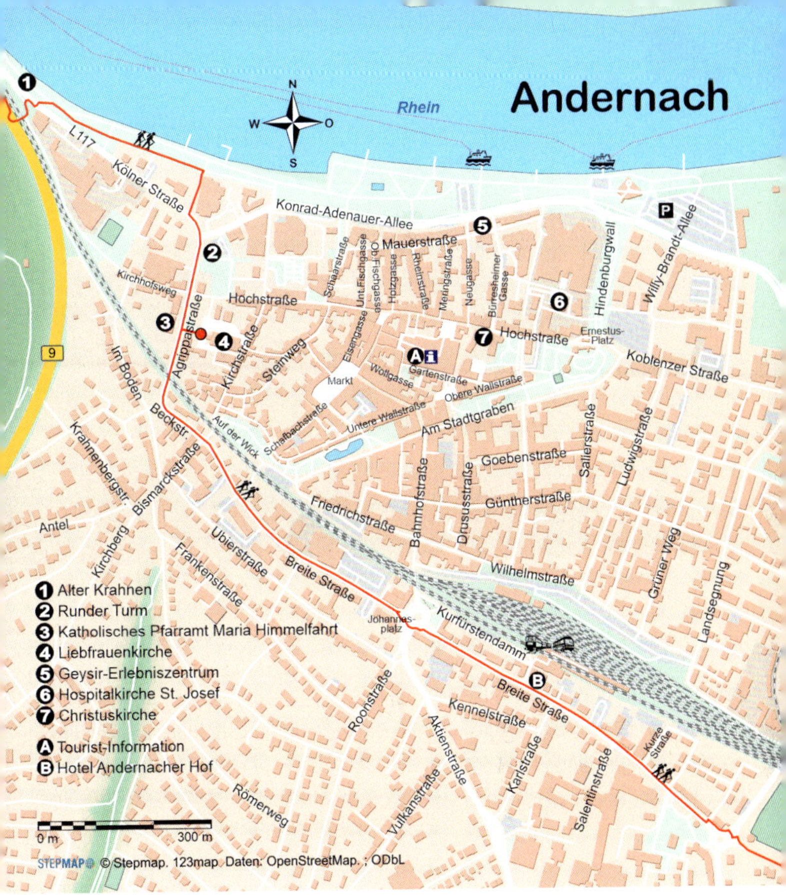

Stadt Andernach erwarb die Anlage und nutzte sie als Schule, 1841 ging sie an das Stiftshospital über. Bedingt durch den Neubau des Krankenhauses Ende des vergangenen Jahrhunderts verschwanden die meisten Klostergebäude, nur die Kirche blieb erhalten. Die barocke Ausstattung ist heute noch sehenswert und zudem können Sie ein Fresko zum Jakobuskult bewundern. Die Kirche befindet sich auf dem Gelände des St. Nikolaus-Stiftshospitals in der Bürresheimer Gasse. An der Information im Eingangsbereich können Sie einen ⊙ Pilgerstempel mit dem Motiv der Hospitalkapelle erhalten.

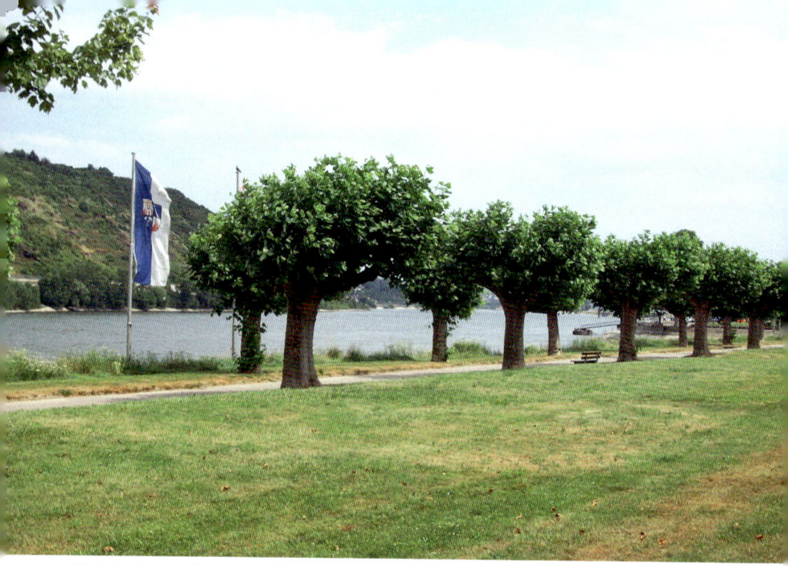

Bei Andernach

Das im Volksmund „Bäckerjungenstadt" genannte Andernach besitzt eine bewegte und bunte, über 2.000 Jahre währende Geschichte. Erste Ansiedlungen wurden auf Basis von Funden im Stadtteil Miesenheim auf ein Alter von rund 600.000 Jahren datiert. Auch aus der letzten Eiszeit und der Jungsteinzeit lassen sich Ansiedelungen nachweisen. Wie bei vielen Städten am Rhein sorgten zunächst römische Garnisonen für eine erste Blüte, bevor diese von den Franken „abgelöst" wurden. Zur Zeit der Merowinger (6. Jh.) wurde Andernach sogar Königssitz.

Im Mittelalter geriet die reichsunmittelbare Stadt immer wieder zwischen die Fronten der unterschiedlichsten Parteien, vor allem aber der Erzbistümer Köln und Trier. Im Laufe der Zeit versuchten Niederländer, Schweden und Franzosen mit wechselndem Erfolg und häufigen Zerstörungen die Stadt einzunehmen. Mitte des 19. Jh. siedelten sich erste Unternehmen in Andernach an, vor allem Mälzereien. Im Zweiten Weltkrieg hielten sich die Schäden trotz zahlreicher Luftangriffe in Grenzen, die Altstadt blieb überwiegend verschont. Im Januar 1956 traten in Andernach die ersten 240 Soldaten der neuen Bundeswehr ihren Dienst an. Heute prägen vor allem Industriebetriebe der Sparten Metall, Chemie und Pharmazie in den Randzonen der Stadt das wirtschaftliche Leben.

6. Etappe: Von Andernach nach Koblenz

29,6 km, 7 Std., ↑ 331 m, ↓ 328 m, ⇧ 60-195 m

0,0 km	⇧ 65 m	Andernach (Mariendom)
5,7 km	⇧ 75 m	Miesenheim
10,1 km	⇧ 110 m	Kettig
11,9 km	⇧ 103 m	Mülheim-Kärlich
17,5 km	⇧ 148 m	Rübenach
22,9 km	⇧ 83 m	Güls
23,9 km	⇧ 66 m	Moselweiß
29,6 km	⇧ 65 m	Koblenz (Basilika St. Kastor, Deutsches Eck)

Sie begeben sich heute auf die längste Etappe des Linksrheinischen Jakobsweges. Dabei pilgern Sie überwiegend durch Ackerland und Obstplantagen. Schließlich erreichen Sie am Zusammenfluss von Rhein und Mosel die über 2.000 Jahre alte Stadt Koblenz.

Sie starten vor dem Mariendom am Pilgerstein des Eifel-Caminos und folgen der Agrippastraße in Richtung Bahnunterführung. Sie mündet nach einer Linkskurve in die Beckstraße. Sie gehen auf der Breiten Straße, die sich 1 km durch Andernach zieht, weiter geradeaus, am Johannesplatz, der Kreissparkasse und der Post vorbei bis zum zweiten Kreisverkehr. Dort treffen Sie auf den ehemaligen Wehrturm eines Klosters aus dem 14. Jh., der später zu einer Windmühle und einem Wasserturm umfunktioniert wurde. Sie laufen weiterhin geradeaus in den Schillerring mit der August-Horch-Schule.

Kurz darauf halten Sie sich links, gehen in die Stadionstraße und verlassen Andernach durch eine Bahnunterführung. Hinter der Unterführung folgen Sie dem Fahrradweg an zwei rot-weißen Warnbaken vorbei und passieren am Stadtrand neben dem Stadion, dem Freibad und dem Jugendzentrum weitere Freizeiteinrichtungen. Von hier aus können Sie in der Ferne die Stadt Weißenthurm und die Neuwieder Rheinbrücke sehen. Sie bleiben auf dem asphaltierten Weg, der kurz vor der K47 einen Knick nach rechts zu einer weiteren Unterführung macht.

An einer Informationstafel des Nette-Rundweges gehen Sie leicht abwärts auf einen Waldstreifen zu. Dort verläuft das Flüsschen Nette, dem Sie an der nächsten T-Kreuzung nach rechts folgen. Dabei unterqueren Sie zwischendurch die B 9, wandern durch ein kleines Wäldchen und gelangen an eine Straße, in die Sie nach links abbiegen. Sie pilgern am Gut Nettehammer vorbei, sehen an einer Bank auf der linken Seite eine Hinweistafel ❶ zu den Wegen der Jakobspilger und erreichen am Ortseingang von **Miesenheim** (BANK, 3.200 Ew.) die Neuwieder Straße.

☺ Wenn Sie in Miesenheim einen Pilgerstempel erhalten möchten, haben Sie drei Möglichkeiten, die allesamt mit einem Umweg verbunden sind. Hierzu müssen Sie an der folgenden Wegetrennung mit dem Eifel-Camino weiter der Neuwieder Straße ca. 650 m an der ✞ ⊙ Pfarrkirche St. Kastor vorbei bis zum Dorfplatz folgen. Dort befinden sich die Landhauskonditorei Ulrike Schmitz (Ringstraße 30, Mo-Fr 6:00-12:30 und 14:00-18:00, Sa 6:00-12:00, So 8:00-11:00). Etwas kürzer ist der Weg zu Franz Blaeser im Brandweiher 1. Diese Straße zweigt am Ende der Neuwieder Straße an einer großen Kreuzung nach links ab.

Am Haus Nummer 39 sollten Sie Ihre Aufmerksamkeit einem Hinweisschild schenken. Auf der Rückseite eines Insektenhotels wird Ihnen die Wegetrennung des Linksrheinischen Jakobsweges und des Eifel-Caminos angezeigt. Sie wenden sich nach links in einen schmalen, mit Verbundstein gepflasterten Pfad. Auf diesem queren Sie einen Abenteuerspielplatz und gehen dahinter links über eine Brücke auf eine Turnhalle zu. Der Weg führt Sie über einen Bolzplatz und die Nettebrücke. An einem eingezäunten Naturspielplatz mit einem weiteren Insektenhotel biegen Sie links in einen Feldweg ein. Auf diesem lassen Sie ein kleines Wäldchen links liegen und steigen dann am Gelände eines Imkervereins bergan, dem rechten Weg folgend. Auch an der nächsten Abzweigung wählen Sie den rechten Weg, der sich durch Ackerland schlängelt. Schließlich erreichen Sie einen Querweg, der Sie links nach **Weißenthurm** (BANK, 9.200 Ew.) und dort zum nächsten Bahnhof führt (ca. 2 km).

i Verbandsgemeinde Weißenthurm, Kärlicher Straße 4, 56575 Weißenthurm,
☏ 026 37/913-412/-401/-402, touristik@vgwthurm.de,
www.verbandsgemeindeweissenthurm.de

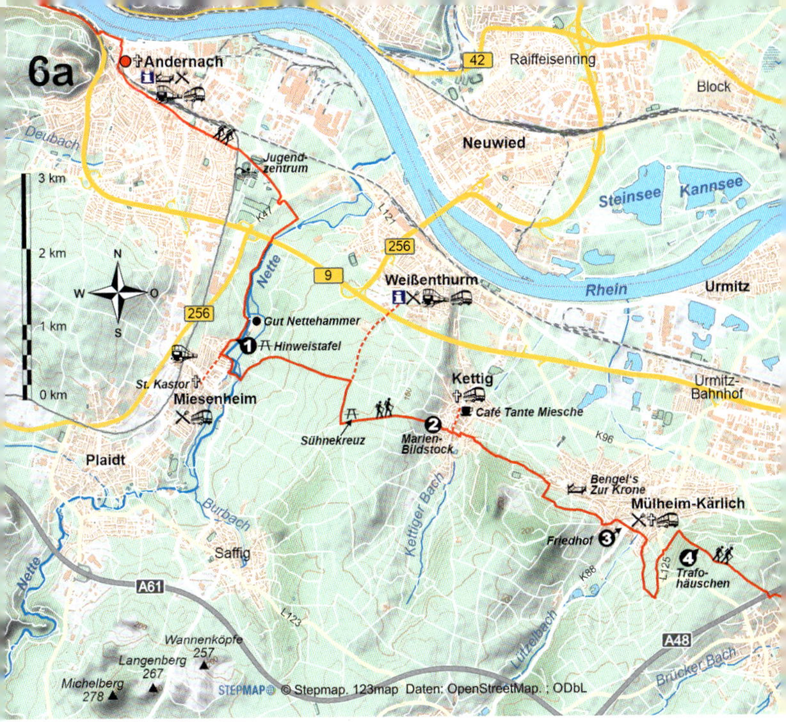

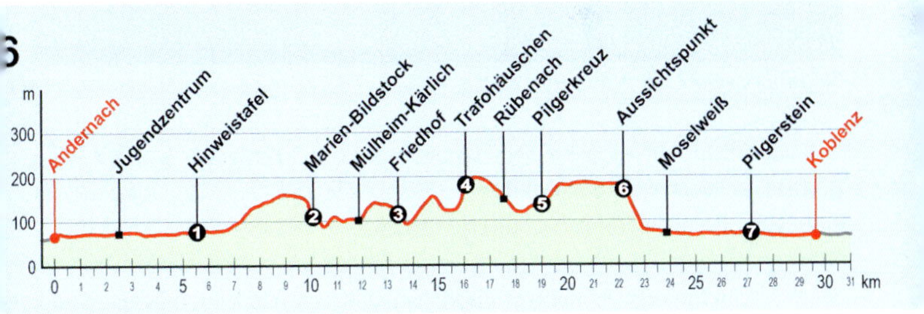

Sie wenden sich nach rechts und gehen bis zur nächsten Kreuzung auf einen Wald am Horizont zu. Dort biegen Sie nach links in Richtung Kettig ab und lassen eine Obstplantage rechts liegen. Linker Hand befindet sich ein Rastplatz mit Sitzgelegenheiten. Im Mittelpunkt steht jedoch das Sühnekreuz aus dem Jahr 1646.

Es befand sich ursprünglich etwa 100 m nördlich, an der Stelle, an der ein zum Tode Verurteilter, aber geflüchteter Räuber bei seiner Gefangennahme gevierteilt wurde.

Sie bewegen sich danach zwischen Holunder- und Zwetschgenbäumen und ignorieren die beiden nächsten Abzweige.

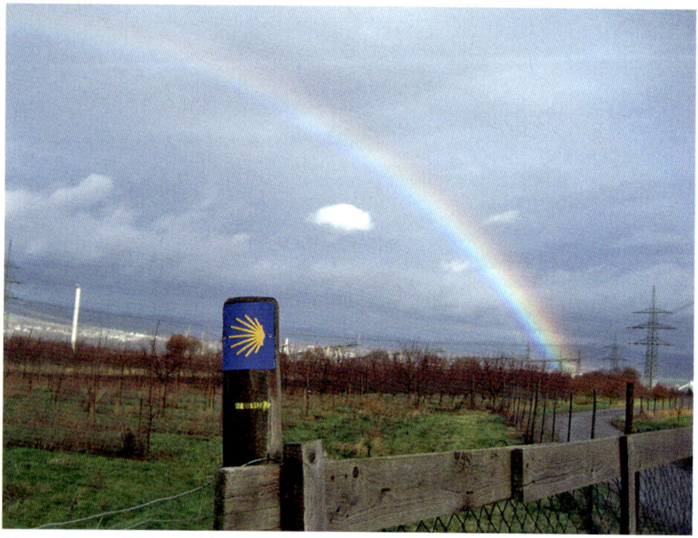

Regenbogen in der Nähe von Kettig

Schließlich geht es mit einem schönen Blick auf **Kettig** (☕ BANK 📯 🚌, 3.400 Ew.) leicht abwärts. Sie folgen der Bergstraße an einem Marienbildstock ❷ und einem Brunnen vorbei bis zur Hauptstraße.

↳ Wenn Sie den ⊙ Kettiger Pilgerstempel haben möchten, müssen Sie der Hauptstraße 350 m nach links folgen, um das von Menschen mit Handicap bewirtschaftete ☕ Café Tante Miesche (Hauptstraße 5, 🚪 Di-So 9:00-18:00) zu erreichen. Den Stempel finden Sie rund um die Uhr in einem blauen Kästchen im Zugang zum Hof des Cafés. Zum Linksrheinischen Jakobsweg geht es den gleichen Weg wieder zurück.

Auf der anderen Seite nehmen Sie den schmalen Pfad zwischen den Häusern 49 und 51. An einem Wendeplatz biegen Sie nach links ab, kurz darauf nach rechts in die Holzstraße und gehen letztendlich geradeaus in die Straße Im Vogelsang. Gegenüber dem Haus Nummer 1 windet sich zu Ihrer Rechten vor einem Firmengelände ein Wiesenweg nach links durch eine Obstplantage aufwärts. Der Wiesenweg mündet kurz darauf in einen Feldweg, auf dem Sie an Obstwiesen vorbei bis nach **Mülheim-Kärlich** (🛏 ✕ 🛒 ⚕ BANK 📯 🚌, 11.200 Ew.) bleiben. Zwischendurch müssen Sie an einer Kreuzung nach rechts abbiegen.

🛏 Bengel's Hotel Zur Krone, Schweizerstraße 2, 56218 Mühlheim-Kärlich, 500 m vom Weg entfernt, ☎ 026 30/942 60, ✉ info@bengels-hotel.de, 💻 www.bengels-hotel.de, EZ ab € 80, DZ ab € 120, inkl. Frühstück

Streuobstwiesen oberhalb von Mülheim-Kärlich

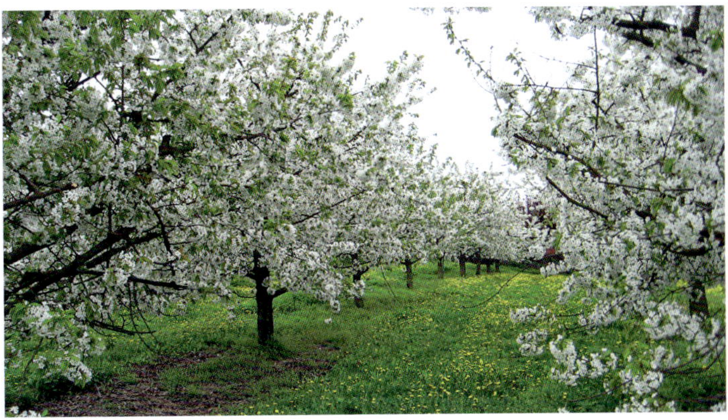

Nahe der ersten Häuser sind Sie in der Blütenstraße und wandern hinter dem Haus Nummer 43 rechts hoch, wo Sie auf einem gepflasterten Weg an einer Bank vorbei nach links weitergehen. Schließlich erreichen Sie nach 800 m an einem gelben Haus den Stationsweg, dem Sie über eine Kreuzung bis zu seinem Ende folgen, bevor Sie rechts in die Straße Auf dem Nippes und in die Mühlenstraße abbiegen. Sie laufen dort zunächst zwischen den beiden Bereichen des Friedhofs ❸ hindurch und überqueren danach die K88 und die Hoorweiherstraße.

Kurz darauf erreichen Sie eine T-Kreuzung und biegen am Haus Nr. 29 nach rechts in den Lohrweg ab. Dieser führt Sie leicht ansteigend aus Mülheim-Kärlich hinaus zu einer Weggabelung, an der Sie sich links halten und an einem jüdischen Friedhof vorbei und durch Obstplantagen auf einem asphaltierten Wirtschaftsweg weiter aufwärts laufen. An einer Eiche mit vorgelagertem Gedenkstein aus Basalt gelangen Sie erneut an eine Gabelung, auch hier bleiben Sie auf dem linken Abzweig. Im weiteren Verlauf passieren Sie ein eingezäuntes Areal, auf dem die Stadt Mülheim-Kärlich in Zusammenarbeit mit dem hiesigen Obst- und Gartenbauverein im Jahr 2000 einen Obstlehrpfad mit 150 verschiedenen Obstsorten angelegt hat. Unmittelbar dahinter befindet sich eine Kreuzung, an der Sie auf den abwärtsführenden, mit Verbundsteinen gepflasterten Weg einbiegen und bis zur L125 auf diesem verbleiben. Dort angekommen gehen Sie zunächst links 50 m bergab, queren die L125 und nehmen dann den gepflasterten Weg rechts auf der anderen Straßenseite. An der nächsten Kreuzung müssen Sie den sehr steil ansteigenden Weg zu Ihrer Rechten nehmen.

Blick auf die Koblenzer Stadtteile Güls (vorne) und Moselweiß

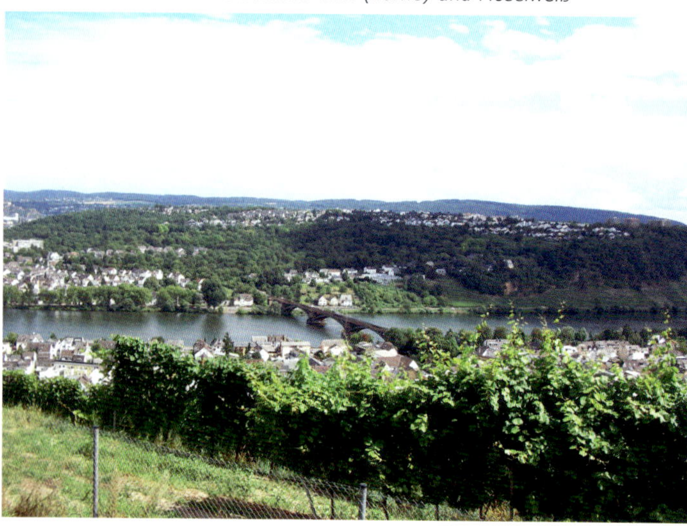

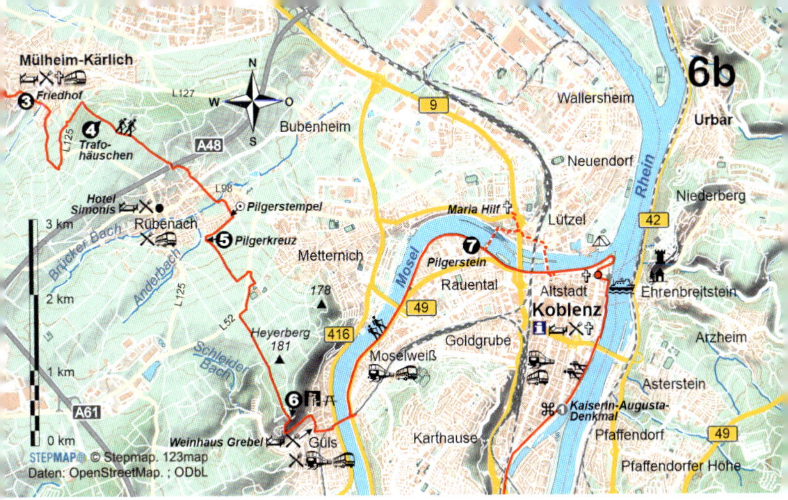

Sie gehen immer geradeaus parallel zu der Hochspannungsleitung und passieren unterwegs zwei rot-weiße Schranken und ein altes Trafohäuschen ❹. Dahinter bringt Sie ein Wiesenweg entlang eingezäunter Obstbaumwiesen mit einem ersten Blick auf Ihr Tagesziel Koblenz zur Brücke über die A48 und anschließend links nach **Rübenach** (🛏 ✕ ⚕ BANK 📯 🚌, 5.200 Ew.). An der Brücke befindet sich eine Infotafel zum Linksrheinischen Jakobsweg und zu Rübenach, die Sie auch im Ortsbereich noch weitere zweimal vorfinden werden.

🛏 ✕ Hotel Simonis, Mauritiusstraße 1, 56072 Rübenach, 900 m vom Weg entfernt,
☎ 02 61/928 00, ✉ info@hotel-simonis-koblenz.de,
💻 www.hotel-simonis-koblenz.de, EZ € 59, DZ € 79, Frühstück € 8 p. P.,
🐕 Hund € 20 (Endreinigung)

Über die Kruppstraße gelangen Sie nach Querung der Kilianstraße zur Aachener Straße, überqueren diese und laufen in die gegenüberliegende Sackgasse In der Grünwies. Sie wandern durch ein kurzes Feuchtgebiet, erreichen ein Wohngebiet und folgen der Straße rechts an einem Fachwerkhaus vorbei. Danach überqueren Sie die Keltenstraße und gehen geradeaus in einen Straßenarm, der ebenfalls zur Keltenstraße gehört. ⊙ Bei Familie Müller-Krey (Hausnummer 194) finden Sie den Pilgerstempel von Rübenach in einem weißen Briefkasten.

Sie folgen der Straße bis zu einer Ruhebank mit einem bunten Pilgerstein. Dort wenden Sie sich nach rechts, um hinter dem letzten Haus nach links aufwärts zu gehen. Gegenüber von einem Walnussbaum befinden sich ein Pilgerkreuz ❺ und zwei Insektenhotels. Sie wandern über eine Brücke auf einen Reiterhof zu, biegen jedoch bereits vor den Stallungen nach rechts ab. An der nächsten Kreuzung wenden Sie sich wieder nach rechts, an der übernächsten nach links. Hier wandern Sie auf einem mit Schlaglöchern übersäten Weg geradeaus in ein kurzes Waldstück bis zum Aussichtspunkt Heyerberg ❻ mit Rastmöglichkeit. Genießen Sie die schöne Aussicht auf die Mosel und den Koblenzer Stadtteil **Güls** (BANK, 6.100 Ew.). An den ersten Weinstöcken geht es endlich abwärts und an einigen Kreuzwegstationen entlang.

An einer Kapelle mit der Jahreszahl 1968 biegen Sie nach rechts in die Planstraße ein und laufen an einem Brunnen vorbei bis zur Teichstraße, der Sie nach links folgen.

Weinhaus Grebel, Planstraße 7-9, 56072 Güls, am Weg, ☏ 02 61/425 30, info@hotel-grebel.de, www.hotel-grebel.de, EZ ab € 73, DZ ab € 105, inkl. Frühstücksbüffet, Hunde auf Anfrage möglich, ⊙

Hinter der Bahnunterführung erreichen Sie auf der linken Seite aufwärtsgehend die Eisenbahnbrücke über die Mosel. Hinter der Brücke gehen Sie scharf rechts abwärts zum Moselufer, dem Sie durch den Stadtteil **Moselweiß** (, 3.300 Ew.) an einem schmucken Pilgerstein ❼ vorbei bis zu einer Staustufe und der Erlebniswelt Fischpass Mosellum (Do-So 10:00-17:00, Eintritt frei) folgen. Sie bleiben auf dem Uferweg, gehen unter drei Brücken durch bis ins Zentrum von Koblenz und zum Deutschen Eck und der ✞ Basilika St. Kastor, Ihrem heutigen Etappenziel.

Wenn Sie die ✞ Wallfahrtskirche Maria Hilf in **Koblenz-Lützel** auf der anderen Seite der Mosel besuchen möchten, nehmen Sie den Weg über die Staustufe. Am Fuße der Treppen wenden Sie sich nach rechts und laufen in die Weinbergstraße. Hinter dem Haus Nummer 16 biegen Sie nach links durch eine Sperre in einen Wiesenweg ein und bleiben auf diesem, bis Sie hinter einem Spielplatz über einige Treppenstufen die Europabrücke erreichen.

Oben angekommen geht es nach links an der Wehrtechnischen Studiensammlung vorbei. Vor Ihnen befindet sich eine Unterführung, die nach rechts abzweigt und Sie zur Kirche bringt. Um zurück zum Linksrheinischen Jakobsweg zu gelangen, kehren Sie zurück in Richtung Spielplatz, wenden sich jedoch nach den Treppen nach links. Sie stoßen auf die Mariahilfstraße, der Sie nach rechts folgen. Die Straße macht einen Linksbogen, hinter dem Sie durch die Bahnunterführung gehen. Nach rund 200 m befinden Sie sich vor dem Aufgang zur Balduinbrücke. Auf der anderen Seite müssen Sie hinunter zum Moselufer gehen. Dort verläuft der markierte Weg auf dem Peter-Altmeier-Ufer bis zum Deutschen Eck. In unmittelbarer Nachbarschaft befindet sich die ✞ Basilika St. Kastor, Ihr heutiges Etappenziel.

⊙ Den Koblenzer Pilgerstempel erhalten Sie an der Kasse des Ludwig-Museums (Ester-Bejarano-Straße 1 (am Deutschen Eck), ☏ 02 61/129 24 06, info@ludwigmuseum.org, www.ludwigmuseum.org, Di-Sa 10:30-17:00, So u. Feiertage 11:00-18:00) oder in der Sakristei der ✞ Basilika St. Kastor vor und nach den Gottesdiensten oder bei Anwesenheit des Küsters. Einen weiteren Stempel mit dem Motiv der Liebfrauenkirche gibt es in der DRK-Begegnungsstätte (An der Liebfrauenkirche 20, Mo-Fr 12:30-17:00).

Koblenz

BANK, 113.600 Ew.

Tourist-Information im Forum Confluentes, Zentralplatz 1, 56068 Koblenz, ☏ 02 61/129 16 10, touristinformation@koblenz-touristik.de, www.visit-koblenz.de, täglich 10:00-18:00

Pilgerzimmer im Katholischen Klinikum Brüderhaus Koblenz, Gästeetage St. Martin, Kardinal-Krementz-Straße 1-5, 56068 Koblenz, 800 vom Weg entfernt, ☏ 02 61/496 62 42, s.castenholz@kk-km.de, Ü ab € 20 (nur nach Voranmeldung und nur mit Pilgerausweis, Selbstverpflegung)

♦ Barmherzige Brüder von Maria Hilf, Peter-Friedhofen-Haus, Florinspfaffengasse 6, 56068 Koblenz, 300 vom Weg entfernt, ☏ 02 61/133 55 60, Ü € 28 (nur nach Voranmeldung und nur mit Pilgerausweis), Frühstück € 5, ⊙

♦ Renate Heines, Trierer Straße 20, 56072 Koblenz, 300 vom Weg entfernt, ☏ 02 61/251 26, nur nach Voranmeldung und nur mit Pilgerausweis, inkl. Frühstück. Es können bis zu 4 Personen auf Spendenbasis aufgenommen werden.

Jugendherberge Festung Ehrenbreitstein, 56077 Koblenz, mit der Seilbahn erreichbar, ☏ 02 61/97 28 70, koblenz@diejugendherbergen.de, www.diejugendherbergen.de/koblenz, Ü ab € 26, inkl. Frühstück, Erreichbarkeit ☞ Festung Ehrenbreitstein

Knaus Campingpark Rhein-Mosel, Schartwiesenweg 6, 56070 Koblenz, 1,4 km vom Weg entfernt, über Balduinbrücke oder per Fähre ab dem Deutschen Eck (April-Okt 8:00-20:00), ☏ 02 61/827 19, koblenz@knauscamp.de, www.knauscamp.de/rhein-mosel-koblenz, ganzjährig, 11,30 € p. P., Zelt € 4, Haustier € 3,80,

✝ Basilika St. Kastor

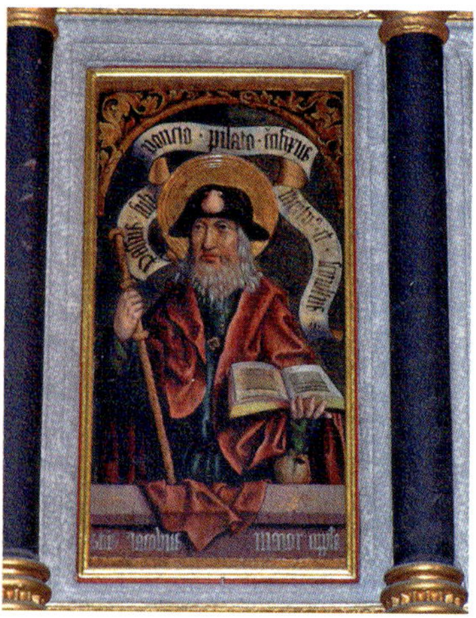

Jakobusdarstellung in der Basilika St. Kastor

Die Basilika befindet sich ca. 200 m südlich des Parkplatzes und des Biergartens am Deutschen Eck. Der 12. November 836 ist der Weihetag des ersten Baus der Kastorkirche, die vom damaligen Erzbischof Hetti errichtet wurde. Damals stand wohl nur ein Saalbau mit Chorabschluss. Die beiden Westtürme wurden erst im 11. Jh. gebaut. 1160 begann der Umbau zu der Form, die man heute kennt. Das äußere Erscheinungsbild erhielt die Kirche schließlich Ende des 19. Jh. Sie gilt heute als bedeutendes Werk der rheinischen Hoch- und Spätromanik. Am 30. Juli 1991 erhob sie Papst Johannes Paul II. zur Basilica minor. Besonders sehenswert ist das Bildnis des Jakobus, das mit fünfzehn weiteren spätgotischen Tafelbildern von der ehemaligen Chorschranke an der Südwand angebracht ist.

✝ Jakobuskapelle

Die im Jahr 1355 erbaute gotische Kapelle wurde als Friedhofskapelle des Deutschen Ordens erbaut und liegt innerhalb des ehemaligen Von-der-Leyen'schen

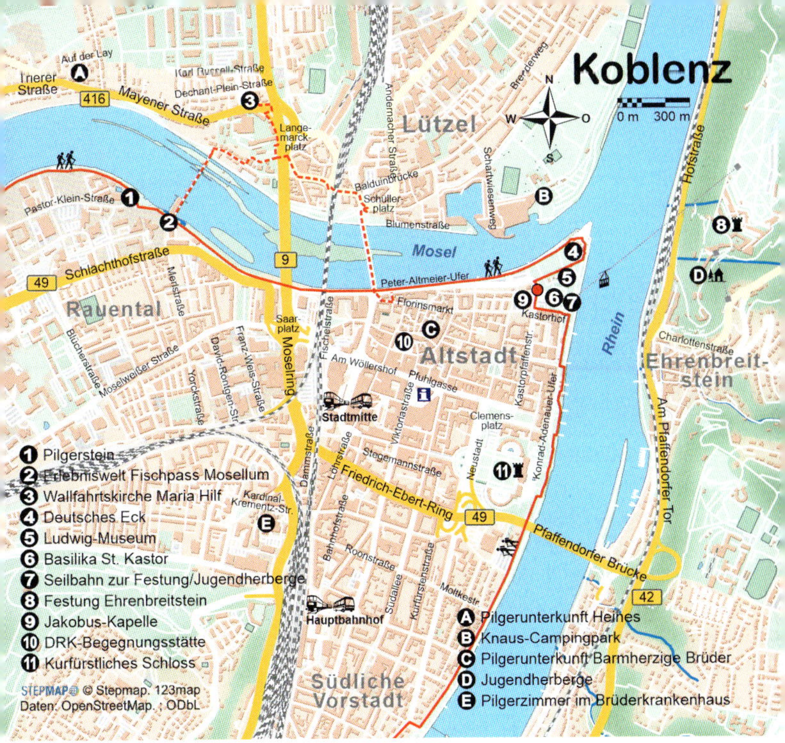

Hofes in der Straße gegenüber der Basilika St. Kastor. Im Zweiten Weltkrieg wurde das gesamte Anwesen so sehr beschädigt, dass das Palais abgerissen werden musste, lediglich die Jakobuskapelle wurde in den Jahren 1965 bis 1968 wiederaufgebaut. Bis November 2013 nutzte die Koblenzer Alt-Katholische Gemeinde die Kapelle zum Gottesdienst. Patron der Kapelle sowie der Gemeinde ist Jakobus der Ältere.

Festung Ehrenbreitstein

Das Plateau des Ehrenbreitsteins ist bereits seit 6.000 Jahren für die Menschheit ein interessantes Siedlungsgebiet gewesen, aber auch der militärische Nutzen wurde schon früh erkannt. Seit dem 12. Jh. ist eine Burg auf dem Ehrenbreitstein nachgewiesen, die die meiste Zeit im Besitz der Erzbischöfe von Trier war. Im 16. Jh. wurde begonnen, die Burg zu einer Festung auszubauen. Als die Franzosen

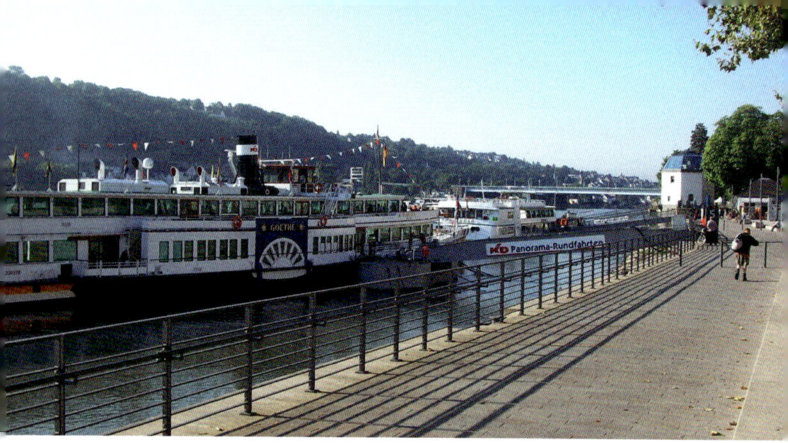

Rheinpromenade

zum Abzug aus den rechtsrheinischen Gebieten gezwungen waren, sprengten sie die Festung. Mit der Übernahme durch die Preußen begann auf Befehl von König Friedrich Wilhelm III. der Ausbau der Gesamtfestungsanlage Koblenz, deren einzelne Verteidigungswerke sich über das gesamte Stadtgebiet verteilten. Das imposanteste Bauwerk blieb jedoch bis in die heutige Zeit die Anlage auf dem Ehrenbreitstein, die heute mittels einer modernen Seilbahn vom Deutschen Eck aus erreichbar ist.

Heute befinden sich im Bereich der Festung das Landesmuseum Koblenz, eine Direktion der Generaldirektion Kulturelles Erbe Rheinland-Pfalz, eine Jugendherberge sowie das Ehrenmal des Deutschen Heeres. Im Rahmen der Bundesgartenschau 2011 in Koblenz war die Festung einschließlich Vorgelände eine von zwei Kernflächen der Ausstellung. Möchte man die Festung Ehrenbreitstein besuchen oder dort in der Jugendherberge übernachten, sollte man die saisonalen Fahrzeiten der Seilbahn beachten (💻 www.seilbahn-koblenz.de). Alternativ stehen der Festungsaufzug (💻 www.koveb.de/festungsaufzug) oder der ausgeschilderte Fußweg zur Verfügung. Zu diesen beiden Möglichkeiten überquert man die Pfaffendorfer Brücke, geht links abwärts an der evangelischen Kirche vorbei und biegt danach rechts in die Emser Straße ein. Dieser folgt man an einem Supermarkt und der Kapuzinerkirche vorbei durch den Koblenzer Stadtteil Ehrenbreitstein, bis man auf die Charlottenstraße trifft. Zum ca. 400 m entfernten Festungsaufzug geht es nach rechts, der Fußweg zur Festung beginnt auf der gegenüberliegenden Straßenseite.

⌘ Das Deutsche Eck auf einer aufgeschütteten Landzunge im Bereich des Zusammenflusses von Mosel und Rhein ist eines der Wahrzeichen von Koblenz. 1897 wurde hier von den Rheinprovinzen das monumentale Reiterdenkmal für den 1888 verstorbenen deutschen Kaiser Wilhelm I. errichtet. Es wurde 1944 zerstört und 1997 von dem ehemaligen Zeitungsverleger Dr. Werner Theisen als Schenkung an die Stadt Koblenz wiederaufgebaut. Bundespräsident Theodor Heuss erklärte das Deutsche Eck 1957 zum Mahnmal für die anzustrebende deutsche Einheit, die schließlich 1990 erreicht wurde.

Koblenz (mundartlich Kowelenz) – eine der ältesten Städte Deutschlands – ist nach Mainz und Ludwigshafen die drittgrößte Stadt in Rheinland-Pfalz und hat 1992 ihr 2.000-jähriges Bestehen gefeiert. Der ursprünglich lateinische Name Confluentes leitete sich von der Lage der Stadt am Zusammenfluss von Mosel und Rhein am Deutschen Eck ab, wo die Römer die erste befestigte Siedlung errichteten. Im 5. Jh. eroberten die Franken Koblenz und errichteten hier einen Königshof. In der 836 geweihten Kastorkirche verhandelten die Enkel Karls des Großen 842, was zur Teilung des Frankenreiches 843 im Vertrag von Verdun führte. Danach übernahmen die Erzbischöfe und Kurfürsten von Trier die Herrschaft. In dieser Zeit entstanden viele Kirchen, Schlösser und Festungen.

Die Herrschaftsgebiete der drei geistlichen Kurfürsten, also der Erzbischöfe von Trier, Mainz und Köln, trafen in Koblenz aufeinander. 1786 verlegte Kurfürst Clemens Wenzeslaus von Sachsen seinen Sitz ins Kurfürstliche Schloss. 1794 eroberten die französischen Revolutionstruppen Koblenz, 1814 erfolgte die Besetzung durch russische Truppen. Als Ergebnis des Wiener Kongresses von 1814/1815 fiel Koblenz an die Preußen und wurde von diesen zu einer der mächtigsten Festungsanlagen in Europa ausgebaut. Die ehemalige Festung Ehrenbreitstein beherbergt heute eine Jugendherberge. 1944 wurde die Stadt von der Royal Air Force zu 87 % zerstört, vier Jahre später fand auf dem Rittersturz die Konferenz zur Gründung der Bundesrepublik Deutschland statt. Im Rahmen der Bundesgartenschau 2011 unter dem Motto „Koblenz verwandelt" erhielt die Stadt, vor allem in den beiden Ausstellungsgebieten am Rheinufer und auf dem Festungsplateau, ein verändertes Gesicht. Noch heute ist die Seilbahn über den Rhein als Verbindung der beiden Flächen eine touristische Attraktion. Von Koblenz aus zieht sich das Weltkulturerbe Oberes Mittelrheintal bis nach Bingen.

7. Etappe: Von Koblenz nach Rhens

18,5 km, 5 Std., ↑ 491 m, ↓ 471 m, ⇧ 61-352 m

0,0 km	⇧ 65 m	Koblenz (Basilika St. Kastor)
5,1 km	⇧ 172 m	Rittersturz
6,9 km	⇧ 219 m	Dommelsberg
9,4 km	⇧ 269 m	Hasenberg
12,9 km	⇧ 366 m	Wegtrennung Linksrheinischer Jakobsweg/Mosel-Camino
18,5 km	⇧ 87 m	Rhens

Die heutige Etappe ist von einigen Auf- und Abstiegen geprägt, die allerdings immer wieder mit sehr schönen Ausblicken auf das Mittelrheintal belohnt werden. Nehmen Sie ausreichend Verpflegung mit, da es unterwegs keine Einkaufs- bzw. Einkehrmöglichkeiten gibt.

Sie starten an der ✞ Basilika St. Kastor und gehen rechts an der Kirche vorbei bis zur Talstation der Seilbahn zur Festung Ehrenbreitstein. Dort wenden Sie sich nach rechts und gehen auf die Rheinpromenade. Im weiteren Verlauf des Weges am Rheinufer entlang unterqueren Sie die Pfaffendorfer Brücke, passieren das Weindorf und wenden sich am ⌘ Kaiserin-Augusta-Denkmal ❶ nach rechts zur Mainzer Straße, der Sie bis zu einer Kreuzung und einer dahinter liegenden

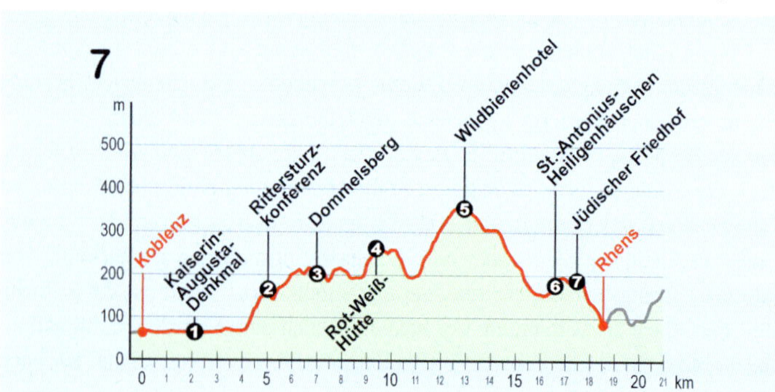

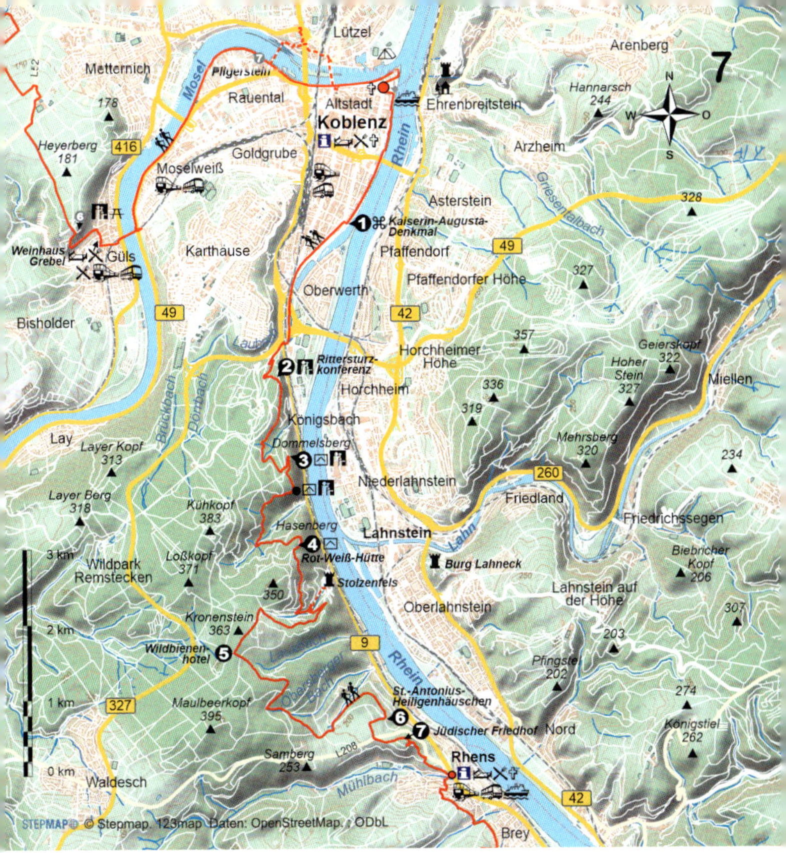

Eisenbahnunterführung folgen. Sie überqueren die Jahnstraße und gehen geradeaus durch zwei Autosperren hindurch in ein kleines Waldstück hinein.

Dort laufen Sie unter den Zubringern der Südbrücke hindurch. Hinter einer Holzbrücke biegen Sie nach rechts ab, überwinden ein paar Treppenstufen und nutzen die Überquerungshilfe für Fußgängerinnen und Fußgänger über die meist stark befahrene B9. Auf der anderen Seite gehen Sie geradeaus in die Straße und biegen nach ca. 300 m auf den links aufwärts führenden Pfad in Richtung Rhens ab. Dieser zieht sich in Serpentinen steil nach oben zum Parkplatz der Gedenkstätte für die Rittersturzkonferenz ❷ mit einem ersten wunderschönen Ausblick auf das Koblenzer Becken.

Rittersturzkonferenz

Im Juli 1948 traf sich in dem damals noch existierenden Ausflugshotel Rittersturz die politische Führung der westlichen Besatzungszonen, um über die durch die westlichen Siegermächte übergebenen Frankfurter Dokumente zu beraten. Diese enthielten Empfehlungen und Bedingungen für die Gründung eines westdeutschen Staates. Die sogenannten Koblenzer Beschlüsse waren letztendlich die wesentliche Grundlage für das Grundgesetz und die Staatsgründung der Bundesrepublik Deutschland.

Gedenkstätte Rittersturzkonferenz

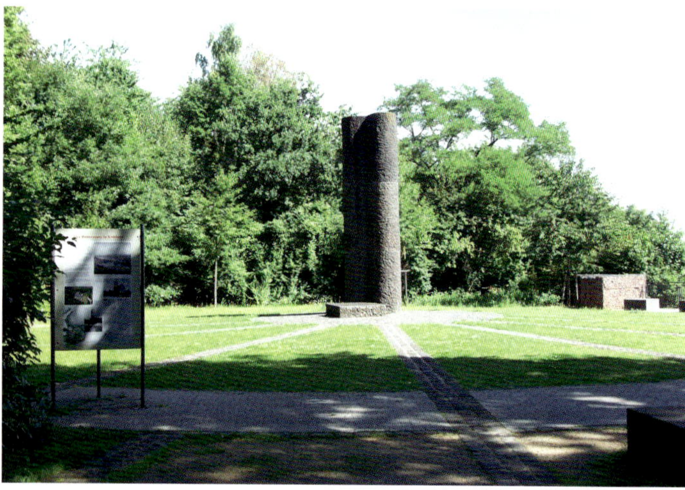

Sie gehen geradeaus über den Parkplatz in den Wald hinein und erreichen ein eingezäuntes Privatgrundstück. Sie bleiben auf dem etwas hügeligen Weg entlang des Zaunes. An einer Kreuzung kurz hinter der Holzbrücke über den Königsbach halten Sie sich zunächst links und nehmen anschließend den leicht aufwärts führenden rechten Weg. Schon bald gelangen Sie an eine weitere Kreuzung, die Sie geradeaus überqueren, um dann bis zu einer Informationstafel zu laufen. Hier werden Sie zu einer Schutzhütte mit Ausblick auf den Dommelsberg ❸ geleitet. Vor dem Aussichtspunkt gehen Sie nach rechts.

Nach einer kurzen Abwärtspassage müssen Sie links abbiegend gleich wieder einige Höhenmeter bewältigen und erreichen die Schutzhütte Weidgenhöhe mit einer weiteren schönen Aussicht, u. a. auf die Lahnmündung und Burg Lahneck. Sie stoßen anschließend auf einen breiten Schotterweg, der Sie leicht abfallend zur nächsten Herausforderung bringt: dem 500 m langen, steilen Anstieg zum Hasenberg. Oben angekommen bietet sich an der rechts oberhalb des Weges liegenden Rot-Weiß-Hütte ❹ die Gelegenheit zu einer Verschnaufpause.

Gegenüber der Schutzhütte setzt sich Ihr Weg fort, jetzt in Richtung des Koblenzer Stadtteiles **Stolzenfels**. Unterwegs können Sie schon durch das Gehölz einen Blick auf das ♜ ⊙ Schloss Stolzenfels erhaschen, kurz darauf haben Sie freien Blick auf Höhe eines abgeholzten Hanges. An der folgenden Kreuzung biegen Sie nach links ab und bleiben immer auf dem abwärts führenden Weg parallel zum Gründgesbach. Es folgen zwei Haarnadelkurven sowie eine Schutzhütte, die Sie rechts liegen lassen. Wenn Sie das Schloss besichtigen möchten, sollten Sie den zweiten Abzweig auf der linken Seite nehmen. Von dort sind es noch rund 600 m bis zum Eingang.

♜ Ursprünglich wurde die hoch über dem Rhein gelegene Burg Stolzenfels als Zollburg der Kurtrierer als Reaktion auf die bereits einige Jahre vorher durch Kurmainz errichtete Burg Lahneck auf der gegenüberliegenden Rheinseite im 13. Jh. erbaut. Nach der Zerstörung durch die Franzosen im Pfälzischen Erbfolgekrieg 1689 kam die Ruine als Geschenk der Stadt Koblenz an den damaligen Kronprinzen Friedrich Wilhelm von Preußen (später König Friedrich Wilhelm IV.), der sie zu seiner Sommerresidenz ausbaute.

♦ Schloss Stolzenfels, Schlossweg, 56075 Koblenz-Stolzenfels ☏ 02 61/516 56, 💻 www.tor-zum-welterbe.de/de/schloss-stolzenfels, 🚪 Januar/Februar/November nur Sa/So/Feiertage, März-Okt täglich 10:00-17:00, Eintritt Erwachsene € 5, Kinder € 3

Nach der Hütte geht es geradeaus weiter und der Jakobsweg bleibt auf dem nun wieder ansteigenden breiten Weg in Richtung Schüllerhof. Hier pilgern Sie jetzt gleichzeitig auf dem Mosel-Camino, der von Stolzenfels nach Trier markiert ist. Vogelnistkästen und Fledermauskästen mit gelben Pfeilen sowie Muschelwegweiser zeigen Ihnen unverkennbar den Weg. Sie ignorieren den folgenden Linksabzweig und bleiben so lange auf dem breiten Weg, bis Sie auf einen Querweg

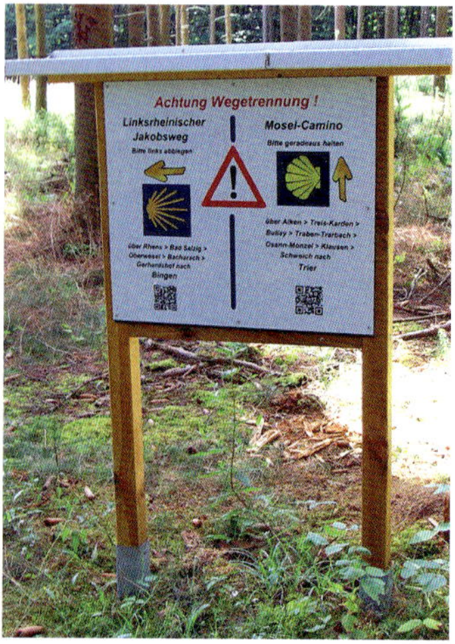

Wegetrennung

stoßen, wo Sie links auf einen Schotterweg abbiegen. Sie überqueren geradeaus eine größere Kreuzung und erreichen den Punkt, wo sich Mosel-Camino und Linksrheinischer Jakobsweg wieder trennen. Ein Schild auf der Rückseite eines Wildbienenhotels ❺ informiert über die jeweilige Richtung der beiden Pilgerrouten.

Sie nehmen den nach links abgehenden Weg und überqueren eine Kreuzung. An der folgenden Gabelung halten Sie sich rechts, wo Sie bald an einem umzäunten Areal vorbeigehen. Kurz vor einer weiteren größeren Kreuzung mit Abstellplatz für Forstfahrzeuge sowie einer Materialhütte aus Holz müssen Sie linker Hand den schmalen Pfad in den Wald hinein nehmen. Sie kreuzen einen breiten Weg, überqueren diesen geradeaus entlang des Obersberger Baches und biegen schließlich in den nächsten rechten, leicht abfallenden, über den Bach führenden Weg ein. Am Waldrand lädt eine Sinnesbank zu einer Ruhepause ein. Knapp 100 m rechts oberhalb befindet sich zudem noch eine Schutzhütte.

Von der Bank aus laufen Sie abwärts zunächst auf einem Grasweg und überqueren einen Wirtschaftsweg. An der kommenden Gabelung wählen Sie den leicht aufsteigenden Pfad rechts. Sie passieren eine Sitzgruppe und pilgern im Schatten des Waldrandes an Ackerland vorbei, bis vor Ihnen das St.-Antonius-Heiligenhäuschen ❻ auftaucht.

☺ Wenn Sie eine Rast einlegen möchten, empfiehlt sich circa 100 m links von der Kapelle eine Sitzgruppe mit tollem Blick ins Tal.

Ihr Weg führt Sie jetzt rechts durch Streuobstwiesen bis zur L208, die Sie überqueren, und danach an einer eingezäunten Obstplantage entlang in den Wald. Sie halten sich an den beiden nächsten Abzweigen links und erreichen im Wald den alten Jüdischen Friedhof von **Rhens** ❼.

Nur ein paar Schritte weiter biegen Sie hinter einem linker Hand befindlichen Sendemast scharf nach links ab und laufen unterhalb von diesem in Serpentinen über eine lichte Fläche, zum Teil steil abwärts (Vorsicht bei Nässe – Rutschgefahr). Von einer Bank aus haben Sie einen wunderschönen Blick auf Rhens und im Hintergrund auf die Marksburg auf der anderen Rheinseite.

Nach den Serpentinen gehen Sie ein kurzes Stück an einem eingezäunten Areal entlang, um danach an einem verrosteten Gartentor nach rechts und anschließend vor einem Holzschuppen nach links abzubiegen. An einem Walnussbaum gabelt sich der Weg erneut. Links gelangen Sie nach rund 200 m zum Rhenser Königsstuhl mit einem tollen Ausblick, rechts hingegen nach Rhens zur Straße Am Viehtor, wo die heutige Etappe endet. Durch das Viehtor können Sie bereits das historische Rathaus im Zentrum von Rhens erkennen.

Rhens

BANK, 3.000 Ew.

Tourist-Information, Am Viehtor 2, 56321 Rhens, 026 07/495 10, touristik@erlebnis-rheinbogen.de, www.erlebnis-rheinbogen.de, Mo-Fr 10:00-12:00 und 13:00-15:00,

Zentrum von Rhens mit historischem Rathaus

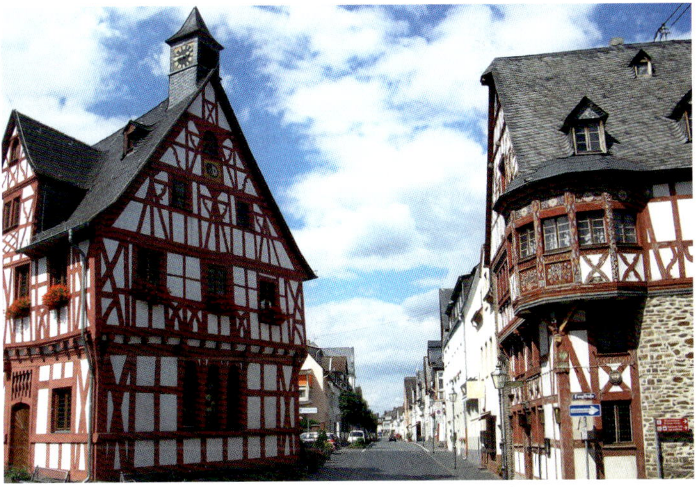

Hotel Roter Ochse, Hochstraße 27, 56321 Rhens, 300 m vom Weg entfernt, 026 28/22 21, info@roter-ochse.de, www.roter-ochse.de, EZ ab € 80, DZ ab € 115, inkl. Frühstück, 1 Hund € 9,

Das kleine Städtchen Rhens mit seinen romantischen Fachwerkhäusern im Kern und den Überresten der mittelalterlichen Stadtmauer aus dem 14. Jh. wurde erstmals in einer Urkunde im Jahre 874 in der sogenannten Bertolf-Urkunde erwähnt. Eine erste Besiedlung wurde allerdings, vermutlich wegen der schon damals verkehrsgünstigen Lage am Rhein, bereits um 1.000 v. Chr. nachgewiesen. Renson – so eine von vielen früheren Schreibweisen – war kurkölnischer Besitz mitten im Kurfürstentum Trier und wahrscheinlich wegen seiner guten Weine bei den Kölner Erzbischöfen sehr beliebt. Besondere Bedeutung in der deutschen Geschichte erlangte Rhens 1338 mit der Gründung des Kurvereins, einem Beschluss der sieben Kurfürsten zur Regelung des Ablaufes der Königswahlen. Vier dieser sieben Kurfürstentümer stießen hier mit ihren Grenzen zusammen, sodass Rhens ein idealer Versammlungsort war. Die Urkunde besagte vor allem, dass künftig zu wählende Könige nicht mehr vom Papst bestätigt werden müssten. In Rhens wurde somit eine der Grundregeln der späteren Goldenen Bulle manifestiert. So wurde dann auf Befehl von Karl IV, der 1346 in Rhens zum (Gegen-)König gewählt wurde, 1376-1398 der sogenannte Königsstuhl errichtet, ein steinernes Bauwerk, auf dem die Wahl der Könige erfolgen sollte.

Tatsächlich fanden die Wahlen später allerdings meist in Frankfurt statt und die Gewählten leisteten auf ihrer Fahrt zur Krönung nach Aachen in Rhens „nur" noch einen Treueeid. Nach dem Zerfall des Bauwerks und dem Abbruch der baulichen Ruine durch die Franzosen im 18. Jh. erfolgte mit Unterstützung durch König Friedrich Wilhelm IV. von Preußen 1843 der Neubau am ursprünglichen Platz am Rhein. 1929 wurde der Königsstuhl an seinen jetzigen Platz auf Schawall oberhalb von Rhens verlegt, da er der Erweiterung des Rhenser Brunnens im Weg stand.

Ein weiterer Fixpunkt in der Rhenser Geschichte war der Beginn des Baus der Stadtmauer um 1398, der erst um 1414 vollendet wurde. Damit einher ging die Verleihung der Stadtrechte, die erst um 1830 erloschen sind und dann erst wieder 1984 verliehen wurden.

Sehenswert sind zudem die alte ✝ katholische Pfarrkirche St. Dionysius auf dem heutigen Friedhofsgelände, deren älteste Teile aus dem 13. Jh. stammen, und eine Statue des hl. Jakobus im Innern der Kirche.

8. Etappe: Von Rhens nach Bad Salzig

16,8 km, 5 Std., ↑ 503 m, ↓ 502 m, ⇧ 66-326 m

0,0 km	⇧ 87 m	Rhens
1,4 km	⇧ 95 m	Brey
6,8 km	⇧ 303 m	Engelseiche
7,4 km	⇧ 250 m	Vierseenblick
9,0 km	⇧ 72 m	Boppard
16,8 km	⇧ 93 m	Bad Salzig

Die heutige Etappe ist recht kurz gewählt, es warten aber auch herausfordernde Streckenabschnitte mit wunderschönen Ausblicken auf das Mittelrheintal auf Sie. Zudem sollten Sie sich in Boppard ruhig etwas Zeit lassen und zu einer Rast verweilen.

Sie starten Ihren heutigen Pilgerweg am Viehtor, gehen zunächst in die Straße Im Zillgen hinein und dann nach links in die Sackgasse In der Lehn. Vor Ihnen erscheinen Garagen mit braunen Toren, daneben steigen Sie die Treppenstufen aufwärts bis zu einer Straße. Hier wenden Sie sich nach links und biegen hinter dem Haus Nummer 39 nach rechts zu einer noch längeren Treppe ab. Oben angekommen laufen Sie rechts weiter. Gegenüber dem Haus Nummer 9 gehen Sie linker Hand die Gasse hoch und stoßen auf eine weitere Straße, an der Sie sich wiederum links halten und deren Verlauf Sie bis zu einer Straßenlaterne folgen.

Dort, gegenüber dem Haus Nummer 56, biegen Sie nach links in einen Feldweg ab, der oberhalb der Häuser und an Obstbäumen entlang verläuft. Die ✝ Josefskapelle lassen Sie links liegen, gehen auf einem Wiesenweg geradeaus weiter und folgen dem Verlauf der Grundstückszäune. An deren Ende geht es nach links abwärts an einem großen Insektenhotel vorbei. Der Weg wird zunehmend schmaler und endet an einer Straße, die Sie überqueren. Dort laufen Sie zunächst nach rechts, an einem hölzernen Sichtschutz nach links und nach weiteren 50 m erneut nach links.

Vor einer Rechtskurve werden Sie auf einen nur 100 m entfernten Sauerbrunnen hingewiesen, wo Sie Ihre Vorräte mit wohlschmeckendem Wasser auffüllen können.

Der Feldweg mündet hinter der Kurve in die Römerstraße in **Brey** (⛺ ✕ 🚌, 1.400 Ew.), der Sie zunächst bis zu einem Haus mit Holzverkleidung folgen.

↳ Ab hier können Sie über die Straße Auf der Brück und anschließend über die Rheingoldstraße zum Rhein und dem dortigen Campingplatz gelangen.

⛺ Campingplatz Brey, Am Rhein 1, 56321 Brey, 800 m vom Weg entfernt, ☎ 026 28/88 60, ✉ info@camping-freizeitzentrum-brey.de, 💻 www.camping-freizeitzentrum-brey.de, 🚪 Mai-Okt, 6 € p. P., Zelt € 6, Haustier € 2,50, 🐕

Sie biegen nach rechts in eine Sackgasse ab und gehen rechts von einer Garage weiter. Nun laufen Sie auf weichem Untergrund durch einen imposanten Hohlweg, der in seinem Verlauf ansteigt. In die steilen Lehmwände wurde während der Fliegerangriffe Ende 1944 ein Bunker circa 100 m tief gegraben, in dem bis zu zweihundert Menschen tagelang ausharrten. Weiter oben gesellt sich von links kommend der Traumpfad Rheingoldbogen dazu und bringt Sie zunächst zu einer Schutzhütte ❶. Es geht weiter aufwärts, bis zu einem eingezäunten Gelände mit Obstbäumen und Weinreben. Nach wenigen Schritten biegen Sie hinter Buschwerk in den ersten Weg nach rechts ein und laufen zu Beginn an einer MTB-Piste entlang, dann durch schattigen Wald bis zu einer Lichtung. Dort wenden Sie sich nach rechts und laufen auf einem Schotterweg weiter. Unterwegs passieren Sie ein Gedenkkreuz für einen dort im Jahr 1852 verstorbenen Pilger aus Koblenz sowie eine Grabhügelgruppe. Ignorieren Sie sämtliche abgehenden Wege, bis Sie eine rot-weiße Schranke erreichen. Dahinter gehen Sie an einer Kreuzung nach rechts und dann geradeaus auf dem breiten Weg weiter.

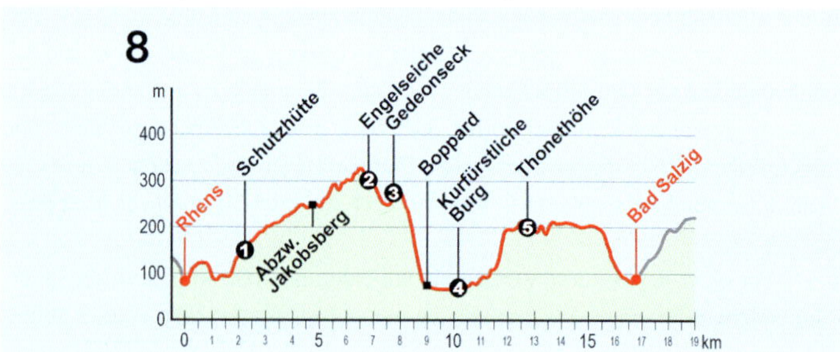

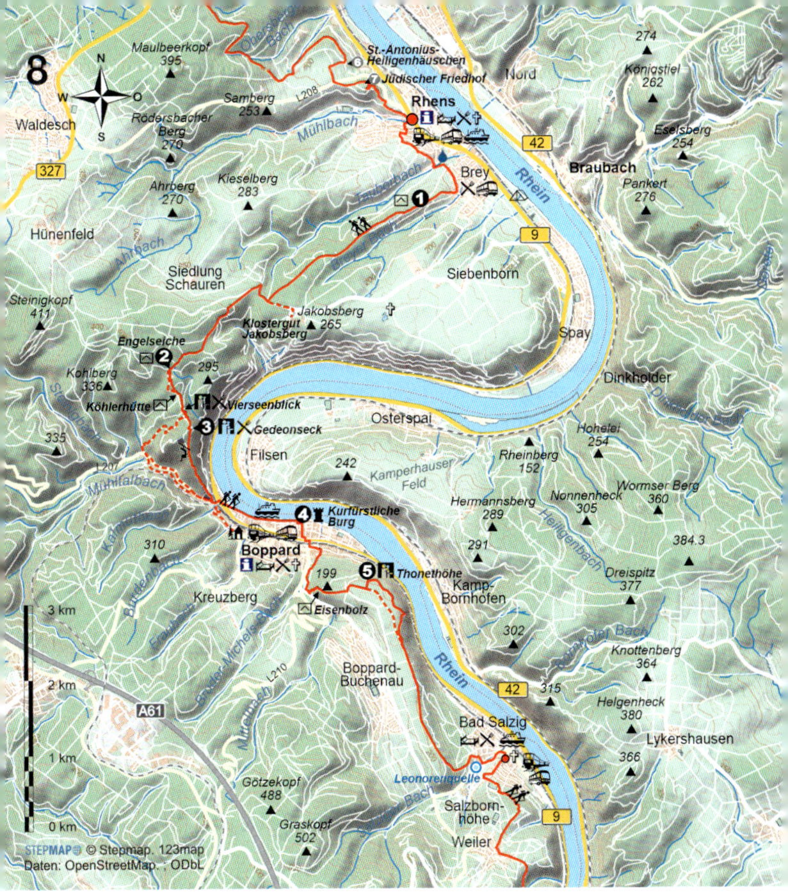

↳ An der Kreuzung haben Sie die Möglichkeit, nach links zu dem 600 m entfernten Klostergut Jakobsberg, einem ehemaligen Wirtschaftsgut eines nicht mehr existierenden Augustinerinnenklosters und heutigem Hotelkomplex, mit seiner ✝ Jakobuskapelle zu pilgern. Bis Ende 2024 wird das Klostergut neu gestaltet. Danach wird es an der ⊙ Rezeption wieder einen Pilgerstempel geben.

Der Weg beschreibt nun eine Rechtskurve, danach wenden Sie sich aufwärtsgehend nach links und wandern bis zu einer T-Kreuzung, an der Sie sich ebenfalls links halten. Etwas unterhalb des Weges befindet sich eine Sinnesbank mit einem schönen Ausblick auf das Rheintal. An der nächsten Weggabelung laufen Sie rechts weiter und erreichen nach einiger Zeit hinter einer umzäunten Schonung zwei Ruhebänke. Unmittelbar dahinter führt links ein schmaler Pfad abwärts.

Bei Nässe könnte der Pfad, der auch über Schieferplatten und Wurzeln führt, etwas rutschig sein.

Sie stoßen wieder auf einen Waldweg, dem Sie nach links folgen, und passieren den Einstieg zu einem Klettersteig. Kurz darauf erreichen Sie die Engelseiche ❷ (benannt nach dem Komponisten Engelbert Humperdinck, der von 1897 bis 1900 in Boppard lebte) und eine Schutzhütte. Links neben dem mächtigen Baum nehmen Sie den zunächst aufwärts führenden Pfad, der erneut überwiegend mit Schieferuntergrund versehen ist und vor allem abwärts zur Köhlerhütte und einem MTB-Park nicht für jedermann geeignet erscheint.

Bilderrahmen ins Rheintal am Vierseenblick

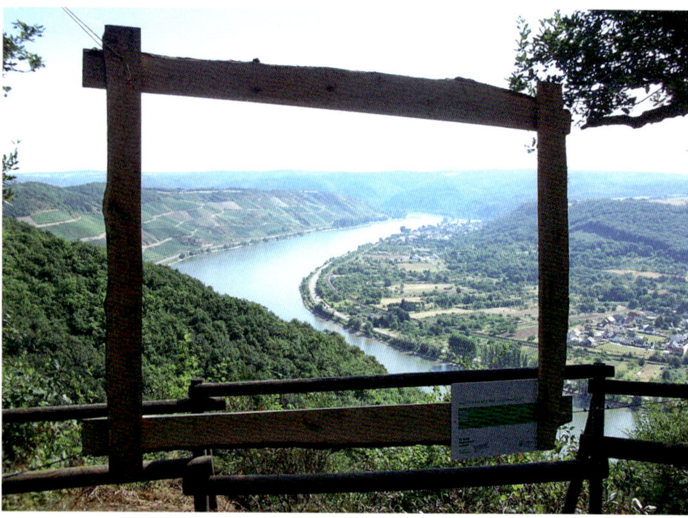

Wer es bequemer haben möchte, geht einfach hinter der Engelseiche auf dem breiten Weg abwärts und erreicht auf diesem ebenfalls die Köhlerhütte.

Hinter der Köhlerhütte gehen Sie auf die Köhlerfigur zu und nehmen den links daneben beginnenden Waldpfad, der Sie schon bald zum Vierseenblick bringt (☎ 067 42/35 40, April-Okt, keine festen Öffnungszeiten). Hinter der Gaststätte gelangen Sie an eine Kreuzung, an der Sie links weitergehen.

☺ Wenn Ihnen der alpine Charakter des Abstieges nach Boppard nicht liegt, haben Sie jetzt drei nicht mit der Jakobsmuschel markierte Alternativen. Zum einen können Sie ohne körperliche Anstrengung und mit wunderschönem Ausblick mit der Sesselbahn (April-Okt 10:00-17:00, € 6) talabwärts fahren. Die zweite Möglichkeit bringt Sie über die rechts abgehende Fahrstraße mit einem zusätzlichen Aufwand von 2 km bequem ins Tal. Sie erreichen am Ende der Straße die L207, der Sie nach links bis zur Talstation der Sesselbahn folgen. Dort treffen Sie wieder auf die Route des Linksrheinischen Jakobsweges.

Weiterhin können Sie einen weiteren, 2 km langen Abstieg nach Boppard nutzen. Ca. 70 m hinter der Kreuzung mit der Fahrstraße führt der schmale Kyffhäuserpfad nach rechts in den Wald. Diesem folgen Sie abwärts, ignorieren unterwegs einen aufwärtsführenden Pfad. Sie erreichen nach einem guten Kilometer das Mühltal und überqueren die L207 nach links. An einem Haus, das mit einer auffälligen Schützenscheibe geschmückt ist, folgen Sie links dem Kronprinzenpfad in Richtung Boppard. Am Ende des Pfades gehen Sie über ein paar Treppenstufen zur L207 und wenden sich nach rechts zur Talstation des Vierseenblickliftes.

Vor einem Umspannkasten zweigen Sie nach links auf einen etwas hügeligen Waldpfad ab (etwas bequemer ist die Fahrstraße), der Sie zu einem weiteren Aussichtspunkt und zum Gedeonseck ❸ (☎ 067 42/26 75, April-Okt täglich 11:00-19:00) bringt. Hier ist übrigens auch der Startplatz von Drachen- und Gleitschirmsportlerinnen und -sportlern und es ist nicht mehr weit bis zur Bergstation der Sesselbahn. Hinter dem Spielplatz der Gaststätte erwartet Sie mit einem felsigen Serpentinenweg eine Herausforderung, die aber mit einem ständig traumhaften Ausblick auf Boppard belohnt wird.

Nur wenige Schritte von der Talstation der Sesselbahn entfernt treffen Sie auf eine Straße, der Sie nach links durch die Bahnunterführung bis zur B9 folgen. Hier wenden Sie sich nach rechts, passieren das St.-Remigius-Heiligenhäuschen und queren die B9. Hinter dem Zebrastreifen bewegen Sie sich nach links abwärts, laufen in den Kreuzweg und befinden sich an dessen Ende direkt an der Rheinpromenade.

Boppard

16.300 Ew.

Tourist-Information, Marktplatz, 56154 Boppard, ☏ 067 42/38 88, tourist@boppard.de, www.boppard-tourismus.de, Mai-Sep Mo-Fr 9:00-18:30, Sa 10:00-14:00; Okt-April Mo-Fr 9:00-17:00, ⊙

Fazenda Haus Sabelsberg, Sabelstraße 27, 56154 Boppard, 500 m vom Weg entfernt, ☏ 067 42/898 39 34, boppard@fazenda.de, www.sabelsberg.de, € 15 im Mehrbettzimmer inkl. Bettwäsche, Gemeinschaftsbad, Teilnahme am Frühstück und Abendbrot sind nach Absprache möglich (je € 5), Voranmeldung erforderlich. Die Fazenda Haus Sabelsberg ist eine Lebensgemeinschaft für Menschen mit Suchtproblemen und anderen Lebenskrisen. Die Gemeinschaft entstand 1983 in Brasilien aus dem Leben einiger engagierter Mitglieder einer katholischen Kirchengemeinde. Im Laufe der Zeit sind weltweit über 140 Fazenda-Gemeinschaften entstanden, in denen aktuell über 2.500 junge Menschen leben, die einen Neuanfang wagen, von ihren Abhängigkeiten frei werden möchten und ein neues selbstverantwortliches Leben lernen. Im Haus Sabelsberg wurde eine Holzwerkstatt durch das Projekt Artenschutz am Pilgerweg eingerichtet, in der die Bewohnerinnen und Bewohner wunderschöne Insektenhotels oder Vogelnistkästen bauen. Empfehlenswert ist auch der im Haus geröstete Kaffee und der Honig aus eigener Imkerei. Auf dem ganzen Gelände gilt Rauch- und Alkoholverbot, ⊙.

⊙ Katholisches Pfarramt St. Severus, Rheinallee 44 (Eingang Eltzerhofstraße), ☏ 067 42/23 15, Mo, Mi, Do, Fr 9:30-12:30, Di 13:30-16:30

✝ ⊙ Karmeliterkirche

Die zu Beginn des 14. Jh. erbaute Klosterkirche des durch Napoleon 1802 aufgelösten drittältesten Karmeliterklosters in Deutschland (heute Sitz der Stadtverwaltung von Boppard) war ursprünglich eine einschiffige Kirche, erhielt dann aber Mitte des 15. Jh. einige Umbauten. So wurden aus dem ursprünglichen Flachdach

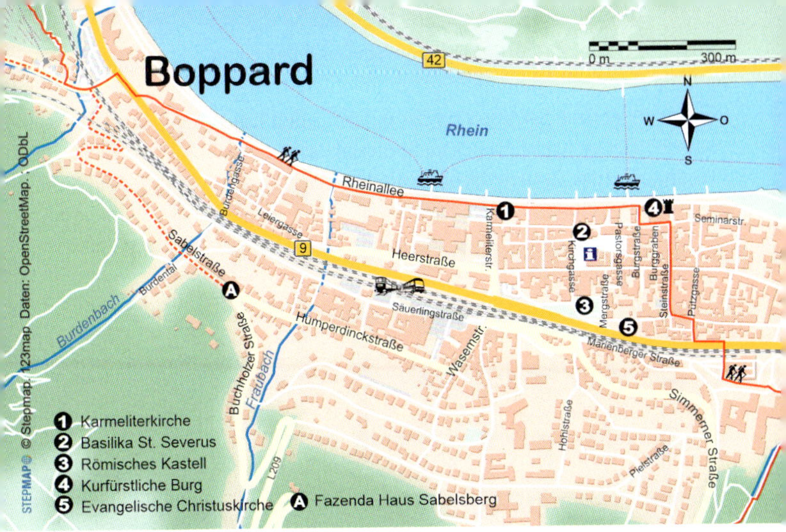

ein Kreuzrippengewölbe und ein zweites Seitenschiff. Nach der Auflösung erhielt die Stadt Klostergebäude und Kirche, verkannte den Wert der gotischen Fenster des Seitenschiffes und verkaufte sie. Diese befinden sich heute in Museen in Europa und den USA. Die Karmeliterkirche ist für einen Bettelorden recht prächtig ausgestattet. Angehörige des Stadtadels statteten die Kirche mit Schenkungen aus, wohl auch, um sich ihr Seelenheil zu erkaufen. Sehenswert sind die beiden Altäre sowie das Chorgestühl aus dem 15. Jh. Seit 2017 befindet sich im Hauptschiff unter der Orgelempore ein Kolumbarium mit 1.100 Plätzen für Urnenbestattungen, eine einzigartigen Einrichtung im Bistum Trier.

✝ Basilika St. Severus

Die heutige spätromanische Kirche steht am Rande des Militärbades eines früheren römischen Kastells und wurde im 12. und 13. Jh. erbaut. Als Vorbild diente die Liebfrauenkirche in Andernach. Die ältesten Werke sind die Türme (Mitte 12. Jh.) das Langhaus stammt aus dem beginnenden 13. Jh. und der Chor wird um das Jahr 1234 geschätzt. Besonders auffallend ist das große Triumphkreuz, das Christus statt mit einer Dornenkrone mit einer Königskrone zeigt. Der Innenraum der Kirche ist mit wunderschönen Wandbemalungen ausgestattet. Bei Ausgrabungsarbeiten in den 60er-Jahren des vergangenen Jh. wurde ein vorchristliches Taufbecken entdeckt, das inzwischen zugänglich gemacht wurde. Dabei konnte dieser erste Sakralbau auf das 6. Jahrhundert datiert werden und ist somit eine der ältesten Kirchenbauten im Rheinland. Nach einem Brand wurde Ende des 10. Jh. ein etwas kleinerer Neubau errichtet. Weitere Renovierungen und Sicherungsarbeiten erfolgten in der vergangenen Zeit, um die wertvolle Substanz auch für die Zukunft zu erhalten. Im Jahr 2015 wurde die Kirche von Papst Franziskus zur Basilica minor erhoben.

Deckenmalerei in der Basilika St. Severus

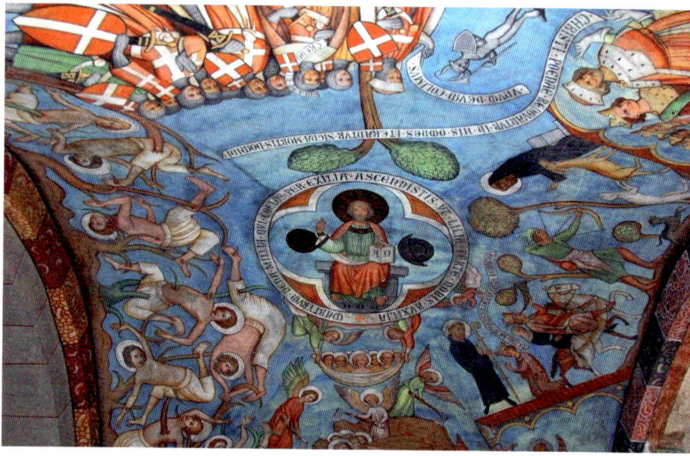

✝ Evangelische Christuskirche

In den Jahren 1850-1852 wurde die Kirche nach einem Entwurf des Koblenzer Bauinspektors Althoff unter unmittelbarer Mitwirkung des preußischen Königs Friedrich-Wilhelm IV. an den Planungen und der Finanzierung im neoromanischen Stil erbaut. In Anwesenheit des Königs wurde die Kirche am 29.06.1852 geweiht. Das innere und äußere Erscheinungsbild wurde durch Erweiterungsarbeiten in den Jahren 1884-1887 wesentlich verändert. Schließlich konnte der Kirchenraum um zwei Drittel der ursprünglichen Fläche vergrößert werden. Im vergangenen Jahrhundert wurden durch Kriegsschäden und aus Sicherheitsgründen weitere Veränderungen, Renovierungen und Sanierungen vorgenommen. 1995 wurde die Kirche erstmals von außen verputzt.

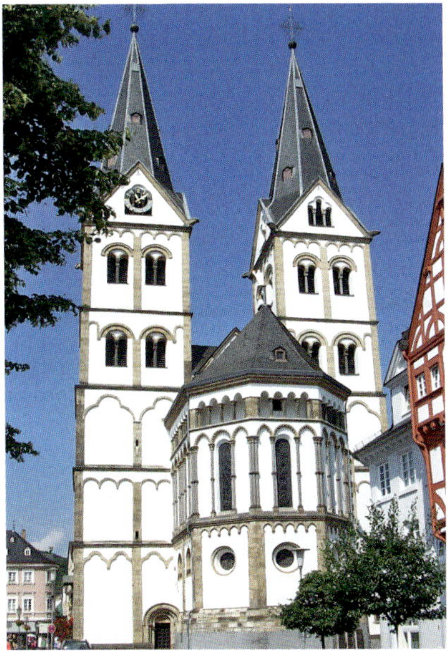

Basilika St. Severus

Sie sind jetzt in einer modernen Stadt, in der man an vielen Stellen auf Zeugnisse der Geschichte stößt und die damit und mit ihren Freizeitangeboten einen Anziehungspunkt für Menschen aus nah und fern darstellt. So ist es nicht verwunderlich, dass die touristisch gut erschlossene Stadt regelmäßig von Kreuzfahrtschiffen angesteuert wird. An der Rheinpromenade laden gemütliche Straßencafés und in der Fußgängerzone im Zentrum zahlreiche Geschäfte zum Verweilen und Bummeln ein. Besonders reizvoll ist die Fahrt mit dem Sessellift auf die Höhe zum Vierseenblick, den Sie auf Ihrem Weg hierher bereits passiert haben. Vor einem Jahrzehnt wurde durch den zufälligen Fund von Gebrauchsgegenständen in einer Baugrube nachgewiesen, dass das heutige Stadtgebiet bereits vor ca. 13.000 Jahren zum Ende der Altsteinzeit als Lagerplatz genutzt wurde. Sichtbare Relikte aus vergangenen Zeiten sind die Reste des Römerkastells aus dem 4. Jh. und der mittelalterlichen Stadtmauer mit einigen noch erhaltenen Toren und Türmen. Das Stadtmuseum ist in der Kurfürstlichen Burg untergebracht, deren Bergfried im 13. Jh. erbaut wurde (Di-Fr 10:00-17:00, Sa, So, Feiertage 11:00-18:00, € 4).

Hinter dem Anleger der Bopparder Fähre biegen Sie in die Burgstraße ein, gehen danach hinter der kurfürstlichen Burg ❹ links zum Burgplatz und anschließend nach rechts in die Ablassgasse. Sie queren die Oberstraße und laufen durch die Steinstraße. An deren Ende stoßen Sie auf einen Platz, der im Bopparder Volksmund als der Balz bekannt ist, mit einem hübschen Fachwerkhaus aus dem Jahr 1586.

Wenn Sie noch einen Pilgerstempel benötigen, können Sie es bei Susanne Breitbach versuchen, die nur 20 m entfernt in der rechts vom Balz abzweigenden Angertstraße 7 wohnt. Vom Balz wenden Sie sich nach rechts und laufen auf Teile der mittelalterlichen Stadtmauer zu. Werfen Sie auch einmal einen neugierigen Blick in die kleine Walburgisgasse, in der Sie zwei Thonet-Stühle entdecken können. Der 1796 in Boppard geborene Tischlermeister Michael Thonet, Erfinder und Hersteller der sogenannten "Wiener Kaffeehausstühle", erlangte mit seiner Werkstatt in Boppard und später nach seiner Umsiedelung nach Wien mit der Produktion von Bugholzmöbeln (gebogene Möbel aus Holz) weltweiten Ruhm und gilt als Pionier der Möbelproduktion und des Möbeldesigns.

Sie laufen ein Stück an der Stadtmauer entlang, nehmen die Unterführung der B9 und der Bahnstrecke und steigen die Treppen am Parkhaus bis zu einer Straße auf. Auf der anderen Straßenseite sehen Sie die verfallenen Gebäude des ehemaligen Klosters Marienberg, hier wenden Sie sich nach links und gehen geradeaus an einer Kreuzung vorbei. Hinter dem Eingang der Realschule Marienberg biegen Sie nach rechts ab und bleiben auf einem Pfad entlang des Schulgeländes. Hinter dem Sportplatz der Schule führt der Weg an einem Stahlgeländer nach rechts hinunter in den Marienberger Park, in dem Sie zahlreiche verschiedene Bäume betrachten können. Durchschreiten Sie den Park parallel zum Bruder-Michels-Bach bis zu einem Teich genannten Gewässer. Schließlich beginnt auf Höhe einer kleinen Brücke zu Ihrer Linken der letzte Aufstieg für den heutigen Tag. Nachdem Sie einen asphaltierten Pfad überquert haben, müssen Sie in engen Serpentinen bis zur Schutzhütte Eisenbolz aufsteigen, an der Sie sich ausruhen und einen Blick zurück auf Boppard werfen können. Hinter der Hütte führt der Weg durch eine Schranke hindurch und dann rechts an mit Zäunen und Hecken eingefriedeten Grundstücken vorbei bis zu einer Kreuzung auf Höhe eines Wohnhauses, wo Sie nach links abbiegen müssen. Dort, wo ein Acker beginnt, zweigt ein Wiesenweg durch eine kleine Allee nach links ab. An der nächsten Weggabelung empfiehlt sich ein Abstecher zum nur rund 50 m links liegenden Aussichtspunkt Thonethöhe ❺. Weitere solcher Aussichtspunkte finden Sie nun immer wieder auf dem nach rechts führenden schmalen Pfad an der Hangkante entlang.

Bei Feuchtigkeit ist der beschriebene Pfad sehr rutschig. Wer zudem nicht ganz trittsicher ist, sollte auf dem breiten Wirtschaftsweg bleiben, der ebenfalls zum Friedenskreuz führt.

Schließlich stoßen Sie auf einen Feldweg, dem Sie nach links durch Streuobstwiesen hindurch bis zum 2013 auf dem Eisenbolz errichteten Friedenskreuz mit einem schönen Ausblick auf den heutigen Zielort Bad Salzig folgen. Das ursprüngliche Friedenskreuz war von 1969 bis 2005 auf der Salzbornhöhe platziert und musste wegen fehlender Standfestigkeit entfernt werden. Hinter dem Friedenskreuz bleiben Sie auf dem breiten Weg und laufen ab einem 2022 aufgestellten weißen Kreuz abwärts, bis Sie an einem Marienbildstock auf Höhe der evangelischen Kapelle den Hüttenweg in Bad Salzig erreichen. Sie überqueren nach einer Rechtskurve eine Kreuzung geradeaus und biegen nach wenigen Schritten hinter dem Haus 27 nach rechts abwärts ab. Unten erreichen Sie die Römerstraße und gehen noch 20 m nach rechts zum Quellpavillon der Leonorenquelle an der Salzbornstraße. Ins Zentrum von Bad Salzig und zur ✞ ⊙ katholischen Pfarrkirche St. Ägidius, dem heutigen Etappenziel, geht es an der Straße entlang nach links. Sie durchlaufen den Theodor-Hoffmann-Platz, passieren die Feuerwache und sehen an der nächsten Kreuzung rechts die Treppenstufen zur Kirche.

Bad Salzig — 🛏 ✕ 🛒 ⚕ BANK 📯 ✞ 🚌 🚆 ⛴, 2.500 Ew.

🛏 ✕ Hotel Restaurant Perle am Rhein, Rheinbabenallee 15, 56154 Bad Salzig, 700 m vom Weg entfernt, ☏ 067 42/62 24, ✉ info@perle-am-rhein.de, 💻 www.perle-am-rhein.de, EZ ab € 70, DZ ab € 95, 🐕 Hunde sind ohne Gebühren gestattet, ⊙

🛏 Hostel Bad Salzig, Römerstraße 35 56154 Bad Salzig, am Weg, ☏ 067 42/959 05 74 oder 📱 01 71/313 70 39, ✉ buchung@hostel-bad-salzig.de, 💻 www.hostel-bad-salzig.de, 1 Person im Schlafsaal € 22, EZ ab € 43, DZ ab € 48, Selbstversorgerküche vorhanden

Bis 1975 war Bad Salzig noch eigenständig, dann wurde es nach Boppard eingemeindet und ist heute einer von 10 Ortsbezirken. Bereits seit dem 18. Jh. ist die Existenz von schwefelhaltigen Quellen bekannt, doch erst zu Beginn des 20. Jh. gelang es einem ehemaligen Offizier, die rund 450 m tiefen Thermalquellen anzubohren und nutzbar zu machen. 1907 begann der Kurbetrieb und damit verbunden der Aufschwung von Bad Salzig. Heute ist der Ortsbezirk Sitz und Produktionsstätte eines weltbekannten Unternehmens für medizinische Haut- und Körperpflegemittel.

9. Etappe: Von Bad Salzig nach Oberwesel

27,2 km, 8 Std., ↑ 939 m, ↓ 942 m, ⇧ 75-307 m

0,0 km	⇧ 93 m	Bad Salzig
2,0 km	⇧ 218 m	Weiler (St.-Peter-Kirche)
5,0 km	⇧ 85 m	Hirzenach (St.-Bartholomäus-Kirche)
8,0 km	⇧ 270 m	Holzfeld
17,6 km	⇧ 77 m	St. Goar (Bahnhof)
20,8 km	⇧ 199 m	Maria Ruh
24,5 km	⇧ 187 m	Günderodehaus
27,2 km	⇧ 78 m	Oberwesel (Liebfrauenkirche)

Heute haben Sie eine lange und schwere Etappe vor sich. Es geht mehrfach steil aufwärts zu hoch gelegenen Aussichtspunkten mit Postkartenmotiven. Lassen Sie sich bei den Auf- und Abstiegen Zeit und nutzen Sie die am Weg gelegenen Rastbänke. Packen Sie sich auch ausreichend Verpflegung und Getränke ein, da es unterwegs nur in St. Goar die Möglichkeit zum Einkauf gibt (möchten oder können Sie sich nicht so viel zumuten, sollten Sie heute dort die Nacht verbringen). Als Höhepunkt des Tages bietet sich Ihnen der sagenumwobene Loreleyfelsen aus verschiedensten Perspektiven zum Bestaunen an. Abschließend bewegen Sie sich größtenteils am Rande eines Höhenplateaus auf Ihr Etappenziel Oberwesel zu.

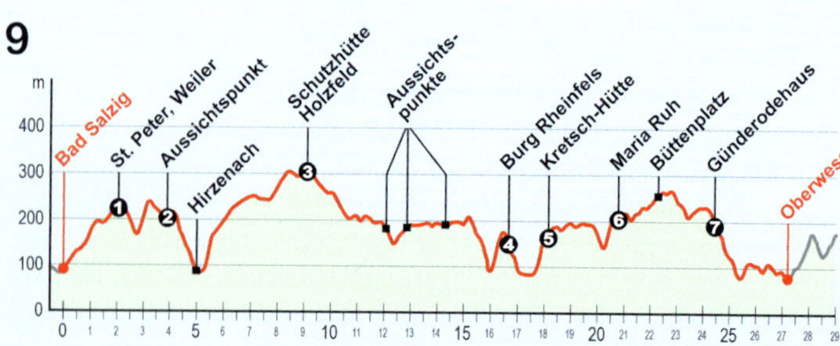

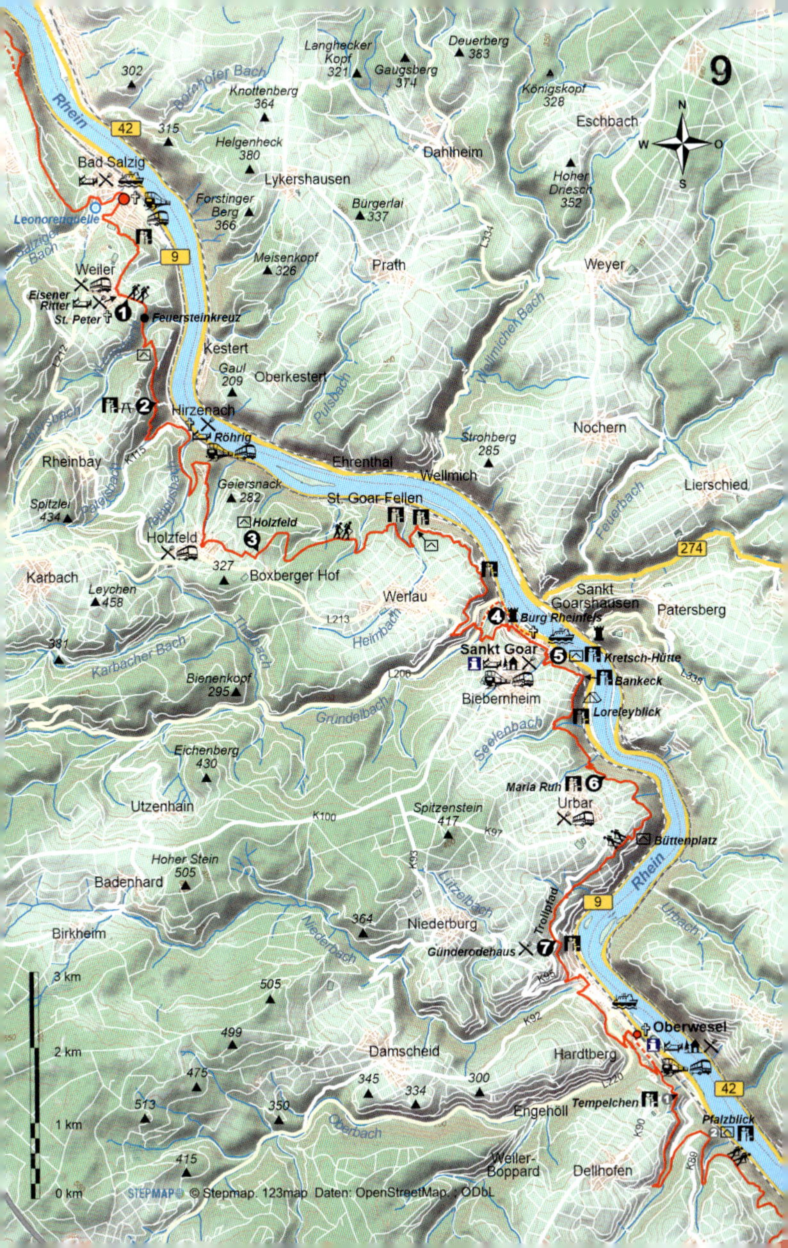

9
Rhein
42
Bad Salzig
Leonorenquelle
Salziger Bach
Weiler
Eisener Ritter
St. Peter
Feuersteinkreuz
Kestert
Oberkestert
Gaul 209
Hirzenach
Röhrig
Rheinbay
Spitzlei 434
Holzfeld
Geiersnack 282
327
Boxberger Hof
Karbach
Leychen 458
381
Karbacher Bach
Bienenkopf 295
Gründelbach
Eichenberg 430
Utzenhain
Hoher Stein 505
Badenhard
Birkheim
505
499
475
513
350
415
Oberbach
302
315
Bornhofer Bach
Knottenberg 364
Helgenheck 380
Lykershausen
Forstinger Berg 366
Meisenkopf 326
Langhecker Kopf 321
Gaugsberg 374
Deuerberg 383
Königskopf 328
Eschbach
Dahlheim
Bürgerlai 337
Hoher Driesch 352
L334
Prath
Weyer
Wellmicher Bach
Pulsbach
Strohberg 285
Nochern
Ehrenthal
Wellmich
Lierschied
Feuerbach
St. Goar-Fellen
274
Werlau
Heimbach
L213
Sankt Goarshausen
Patersberg
Burg Rheinfels
Sankt Goar
Kretsch-Hütte
Bankeck
L338
L200
Biebernheim
Loreleyblick
Seelenbach
Maria Ruh
Urbar
Büttenplatz
Spitzenstein 417
K100
K97
K93
Lützelbach
Niederburg
Niederbach
364
Trollpfad
Günderodehaus
K95
K92
Urbach
Oberwesel
Hardtberg
Damscheid
345
334
300
L220
Tempelchen
Engehöll
K90
Pfalzblick
K89
Weiler-Boppard
Dellhofen
3 km
2 km
1 km
0 km
STEPMAP © Stepmap, 123map Daten: OpenStreetMap, ODbL

Sie starten an den Treppenstufen der St.-Aegidius-Kirche und gehen den Weilerer Weg aufwärts, bis er eine Rechtskurve beschreibt. Dahinter sehen Sie vor sich ein Wegkreuz, an dem Sie nach links abbiegen müssen. Sie passieren ein Wasserwerk und gehen geradeaus in einen Wiesenweg unterhalb eines Sportplatzes. Der schmale Pfad schlängelt sich aufwärts durch ein Waldstück und bringt Sie zum Aussichtspunkt Erstes Köppchen mit einem Rastplatz mit einer Sinnesbank und freiem Blick auf Abschnitte der gestrigen Etappe.

Nach weiteren Höhenmetern gelangen Sie zum nächsten Aussichtspunkt Zweites Köppchen. Hinter der dortigen Sitzbank nehmen Sie anschließend an der folgenden Weggabelung den rechten Wiesenpfad, der nach ca. 100 m auf einen Feldweg trifft, dem Sie rechts abwärtsgehend an eingezäunten Grundstücken vorbei folgen. Zum Beginn einer Rechtskurve befinden sich vor Ihnen ein einzelner Baum und links daneben ein Gartengrundstück mit einem stählernen Tor. Hier verlassen Sie den Feldweg nach links und erreichen über einen Wiesenweg die ersten Häuser von **Weiler** (, 750 Ew.)

Landgasthof Eiserner Ritter, Zur Peterskirche 10, 56154, Weiler, am Weg, 067 42/930 00, info@eiserner-ritter.de, www.eiserner-ritter.de, EZ ab € 85, DZ ab € 110, inkl. Frühstück

St.-Peter-Kirche

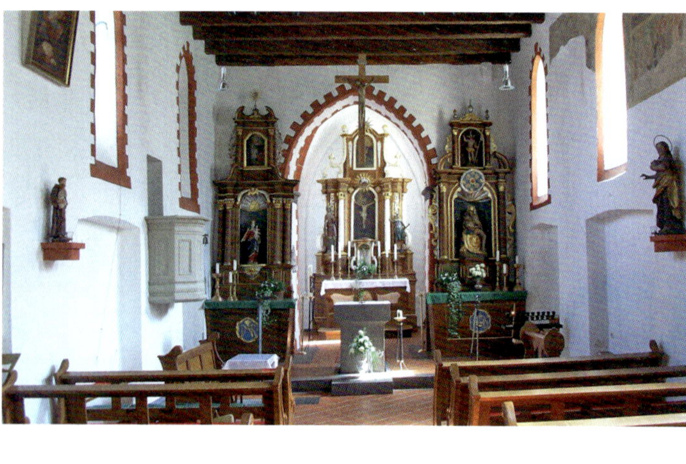

Der Weg endet an einer asphaltierten Straße, in die Sie nach links einbiegen. An einem Zaun vor Ihnen ist ein Kreuz angebracht. Hier folgen Sie der Straße Zur Kleeburg und anschließend der Straße Zur Peterskirche nach links. Sie pilgern an der ✞ Kirche St. Peter in Ketten ❶ aus dem 13. Jh. und dem Friedhof vorbei. Hinter dem letzten Haus gehen Sie an einer Gabelung zunächst geradeaus weiter, an der nächsten Gabelung mit Sitzbank dann nach rechts abwärts ins Tal zur Alten Mühle. Unterwegs finden Sie in eine Trockenmauer eingearbeitet das sogenannte Feuersteinkreuz. Das aus Quarzsteinen gebildete Kreuz wurde zwischen 1900 und 1920 nach dem tödlichen Unfall eines Reiters angebracht. Dahinter begleitet Sie der Weilerbach für ein paar Schritte, bis Sie ihn überqueren. Nun erwartet Sie der steil ansteigende, teilweise mit überhöhten Treppenstufen versehene Eselspfad, in den Sie am nächstmöglichen Abzweig nach links einsteigen. Sie passieren eine weitere Sinnesbank mit Blick in den Hunsrück. Dahinter steigt der Pfad an einer Ruine vorbei bis zu einem Waldweg weiter an. Hier biegen Sie nach links ab und erreichen am Waldrand rechts eine Schutzhütte.

Nach der wohlverdienten Pause bleiben Sie auf dem Weg und tauchen wieder in den kühlen Wald ein. Hinter einer Ruhebank mit schönem Ausblick laufen Sie auf dem Weg links abwärts. Am nächsten Aussichtspunkt Bocksberg ❷ mit Sitzgelegenheiten folgen Sie den Markierungen des Rhein-Burgen-Weges rechter Hand. Nach ca. 600 m auf einem schmalen Pfad durch die historische Weinlage Propsteiberg erreichen Sie eine Wegkreuzung, an der Sie nach links abwärts abbiegen. Etwas weiter treffen Sie auf die wenig befahrene K115, auf der Sie nach **Hirzenach** (🛏 ✕ 🚌 🚆, 280 Ew.) zur ehemaligen Propsteikirche aus dem 12. Jh., der heutigen ✞ ⊙ Pfarrkirche St. Bartholomäus, gelangen.

🛏 Pension Röhrig, Rheinstraße 93, 56154 Hirzenach, 250 m vom Weg entfernt, ☏ 067 41/93 45 69, ✉ info@pension-roehrig.de, 💻 www.pension-roehrig.de, EZ ab € 42, DZ ab € 75, Frühstück optional, ⊙

✞ ⊙ Katholische Kirche St. Bartholomäus

Die Propstei Hirzenach wurde im frühen 12. Jh. von der Abtei St. Michael in Siegburg gegründet. Vorausgegangen war die Schenkung des Ortes Hirzenawe von Erzbischof Friedrich von Köln im Jahr 1110 an die Siegburger Abtei mit der Auflage, dort ein Kloster zu errichten. Der Bau der Propsteikirche St. Maria und St. Johannes erfolgte alsbald nach der Klostergründung, zog sich aber bis in das

13. Jh. hin. Die vormals romanische Apsis wurde zu diesem Zeitpunkt durch einen frühgotischen Chor ersetzt. Vor allem im 18. und 19. Jh. erfuhr die Kirche etliche Veränderungen. Es wurden u. a. Chorgestühl und Tabernakel erneuert, die Sakristei wurde angebaut und eine Orgel angeschafft. Mit einer weiteren umfassenden Umgestaltung in den Jahren 1968-1970 versuchte man, den spätmittelalterlichen Zustand wiederherzustellen. 1802 erfolgte die Aufhebung des Klosters, die wertvollen Chorfenster wurden in den Pariser Louvre verbracht und Kreuzgang und Klostergebäude abgerissen. Heute wird die ehemalige Propsteikirche von der katholischen Gemeinde als Pfarrkirche genutzt.

Unterhalb der Pfarrkirche befindet sich das Propsteihaus aus dem 18. Jh. mit dem vorgelagerten, terrassenförmig angelegten Propsteigarten. Im weiteren Verlauf treffen Sie auf die Villa Brosius, die im 11. Jh. als erste Pfarrkirche in Hirzenach erbaut wurde. Gegenüber dem dort befindlichen Brunnen gehen Sie an einigen Häusern auf einem schmalen Pfad wieder aufwärts, passieren die kleine Aloysius-Kapelle und haben nun einen kurzen, etwas beschwerlichen Aufstieg bis zu einem breiten Weg vor sich. Dort angekommen wenden Sie sich nach links.

An der nächsten Weggabelung halten Sie sich erneut links, danach laufen Sie an einer Bank scharf links aufwärts.

Nach einem moderaten Anstieg erreichen Sie den schönen Aussichtsplatz Am Wingertsberg mit einer Holzstatue (eine Frau mit einer Getreidegarbe und einer Eule auf den Schultern). Kurz darauf gelangen Sie zu den ersten vorgelagerten Häusern von **Holzfeld** (✕ 🚌, 450 Ew.). Am letzten Haus nehmen Sie zunächst den linken Abzweig, unmittelbar danach den rechten in einen Wiesenweg. Auf diesem bleiben Sie bis zu einer Stahlgarage, an der Sie zunächst links und anschließend an einer T-Kreuzung rechts weiterlaufen. Sie treffen auf die Ringstraße und folgen dieser nach links, um an einem Brunnen in die Oberbornstraße einzubiegen.

Auf Höhe einer Garage führt ein Wiesenweg rechts aufwärts. Oben gehen Sie geradeaus auf einem gepflasterten Weg auf einen Strommast zu. Auf dieser Straße kommen Sie am Friedhof und einem SB-Hofladen mit Rastplatz (🚪 täglich 8:00-20:00) vorbei. Sie wählen an der nächsten Gabelung den linken Wirtschaftsweg und bleiben so lange darauf, bis er zu einem Wiesenweg wird. Am Ende des Weidezaunes gehen Sie nach links, nach weiteren 150 m nach rechts aufwärts an einer umzäunten Tannenschonung vorbei. Schließlich stoßen Sie auf einen Feldweg, dem Sie nach links, an der Schutzhütte Holzfeld ❸ vorbei, folgen. Sie pilgern nun ein gutes Stück abwärts und halten sich an einer Kreuzung am Waldrand rechts. Bleiben Sie auf dem eingeschlagenen Weg und ignorieren Sie sämtliche Abzweigungen. Auf Höhe einer Bienenfarm biegen Sie nach rechts in einen asphaltierten Fahrweg ein. Nach einem kurzen Anstieg zweigt an einer Bank mit Schutzhütte ein Weg nach links ab, der zunächst am Waldrand, an einer Sinnesbank und letztendlich an einer eingezäunten Tannenschonung mit Wildgehege und auffällig großem Insektenhotel vorbeiführt. Sie bleiben bis zum Aussichtspunkt Brandsmauer an der Hangkante. Von dort können Sie auf der anderen Rheinseite das Örtchen Wellmich und die Burg Maus erkennen. Ein schmaler Pfad führt Sie abwärts über viele Stufen durch den Hang in das tief eingeschnittene Heimbachtal.

Wer nicht das Heimbachtal durchqueren möchte, bleibt auf dem Wiesenweg an der Hangkante, bis sich dieser mit einer Rechtskurve vom Waldrand in Richtung Werlau entfernt. Nach circa 100 m biegen Sie nach links ab, laufen an einem Haus vorbei und halten sich an der folgenden Kreuzung links. Auch an der nächsten Kreuzung biegen Sie nach links ab und erreichen den Aussichtspunkt Auf dem Hartenberg. Diese Variante verlängert die Etappe um einen Kilometer.

An der ersten Gabelung halten Sie sich rechts und begleiten den Heimbach. An der nächsten Gabelung gehen Sie links weiter, überqueren den Bach über eine Holzbrücke und steigen steil zum nächsten Aussichtspunkt Auf dem Hartenberg auf.

Der Camino führt am dahinter liegenden Grillplatz mit Schutzhütte vorbei und schwenkt nach links oberhalb der Hangkante an Sträuchern entlang bis zum Aussichtspunkt Pilz mit wunderschönem Blick auf St. Goar und Burg Rheinfels.

Den markierten Weg finden Sie, wenn Sie am Schutzgeländer links an der Hangkante bleiben. Sie umgehen auf einem Waldpfad einen Reiterhof und bleiben auf der Asphaltstraße, bis Sie die L213 erreichen. Dieser folgen Sie am Seitenstreifen abwärts bis zu einer Spitzkehre, überqueren diese und gehen auf dem geteerten Feldweg geradeaus weiter. Nach ca. 50 m biegen Sie im spitzen Winkel nach links ab. Kurz bevor Sie erneut auf die L213 stoßen, müssen Sie rechts in Serpentinen steil durch den Weinberg abwärts steigen. Im Tal überqueren Sie die L206 und gehen rechts an der Philipps-Mühle wieder steil bergan.

☺ ↳ Alternativ zum Aufstieg zur Burg Rheinfels gibt es auch eine flache Variante, um nach St. Goar zu gelangen. An der L206 wenden Sie sich nach links und wandern durch das Gründelbachtal bis zur B9. Dort biegen Sie nach rechts ab und erreichen nach kurzer Zeit eine Tankstelle. Dahinter befindet sich die ✞ katholische Pfarrkirche St. Goar, an der Sie nach rechts zur Oberstraße gehen. Dort treffen Sie wieder auf den gekennzeichneten Weg.

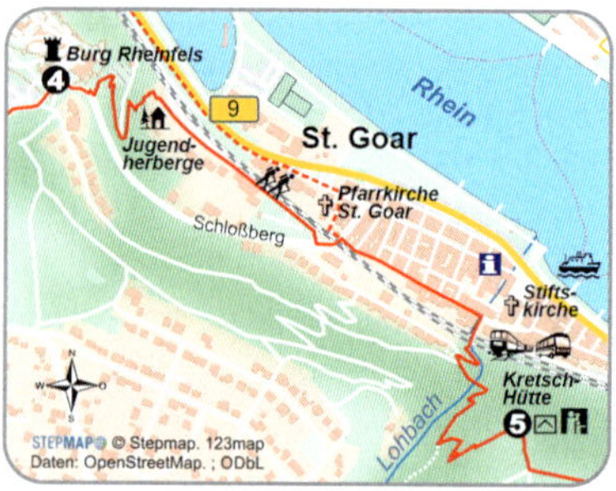

Unzählige Treppenstufen versuchen, Ihnen den Aufstieg zu erleichtern. Schließlich stehen Sie vor der mächtigen ♜ Burg Rheinfels ❹, die Sie aber links liegen lassen. Hinter der Burgbrücke nehmen Sie links eine Treppe abwärts nach St. Goar. An der Jugendherberge und am Amtsgericht vorbei führt die Straße bis zu einer Bahnunterführung. Linker Hand sehen Sie die ✞ katholische Pfarrkirche St. Goar. Sie biegen jedoch nach rechts in die Oberstraße ab, an deren Ende sich der Bahnhof und die ✞ evangelische Stiftskirche befinden.

St. Goar

2.780 Ew.

Tourist-Information, Heerstraße 81, 56329 St. Goar, ☏ 067 41/383, urlaub@stadt-st-goar.de, www.stadt-st-goar.de, Mo-Mi u. Fr, Sa 10:00-13:00, Do 14:00-18:00, ⊙

Loreley-Jugendherberge, Bismarckweg 17, 56329 St. Goar, am Weg, ☏ 067 41/388, st-goar@diejugendherbergen.de, www.diejugendherbergen.de/st.-goar, Ü ab € 28 p. P., inkl. Frühstück

Campingplatz Loreleyblick, An der Loreley 49-50, 56329 St. Goar, 1,2 km vom Weg entfernt, ☏ 067 44/71 45 01, info@camping-loreleyblick.de, www.camping-loreleyblick.de, ganzjährig, 8 € p. P., Zelt ab € 3, Haustier € 3,50

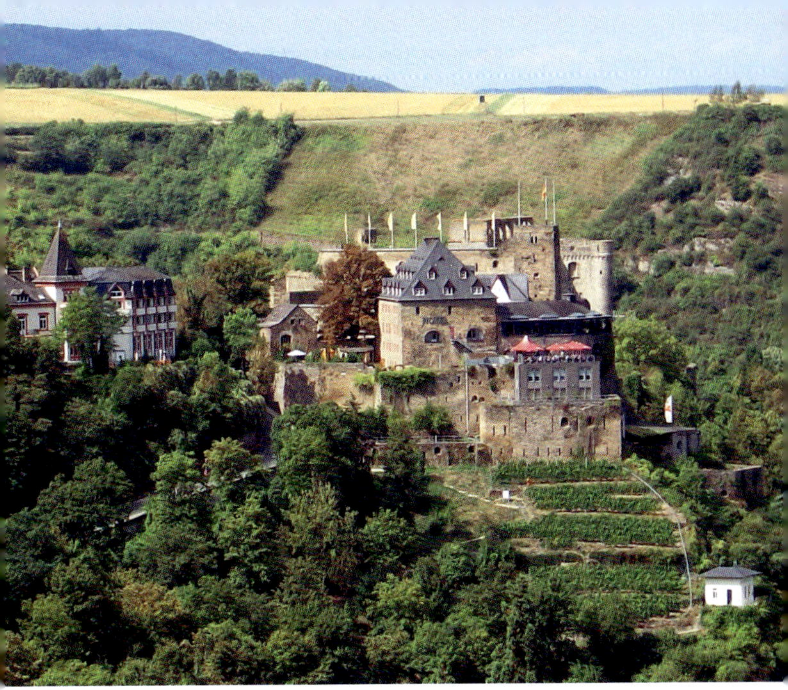

Blick auf Burg Rheinfels

✞ Katholische Pfarrkirche St. Goar und St. Elisabeth

Nach der Reformation wurde erstmals Ostern 1652 und dann auch in der Folgezeit der neu gegründeten katholischen Gemeinde gestattet, eine heilige Messe in der Krypta der Stiftskirche zu feiern. Das bewog den kurz zuvor mit seiner Familie zum Katholizismus konvertierten Landgrafen Ernst von Hessen-Rheinfels-Rothenburg dazu, die Genehmigung zum Bau einer katholischen Kirche einzufordern. Am 01.11.1657 erfolgte die Grundsteinlegung, am 06.07.1660, am Festtag des hl. Goar, wurde die Barockkirche geweiht und gleichzeitig die Tumba von der Stiftskirche überführt. 1878 wurde in einem Gutachten festgestellt, dass die Kirche sich in einem baufälligen Zustand befindet. Man entschloss sich zu einem neugotischen Neubau, der am 11.07.1897 eingeweiht wurde. Nur der Turm der Vorgängerkirche blieb erhalten, zunächst alleinstehend, später durch einen Anbau mit der Kirche verbunden.

✞ Evangelische Stiftskirche St. Goar

Am Ort der heutigen Stiftskirche ist erstmals im 7. Jahrhundert ein Bauwerk nachgewiesen, nämlich eine vom Stadtgründer, dem hl. Goar, errichtete Zelle als Herberge. Nach dessen Tod kam die Zelle in das Eigentum der Abtei Prüm, die im Laufe des 8. Jahrhunderts eine dem Heiligen geweihte erste Kirche bauen ließ. Nach einem Brand gegen Ende des 11. Jh. wurde mit dem Neubau begonnen, der sich die nächsten vierhundert Jahre hinzog. Zunächst entstand die romanische Krypta, um 1250 der spätromanische Chor sowie die Flankentürme. Das spätgotische Langhaus wurde schließlich 1469 vollendet. Im Rahmen der Reformation wurde durch die Grafen von Katzenelnbogen die katholische Stiftskirche zur evangelischen Pfarrkirche umgewandelt.

St. Goar liegt mitten im UNESCO-Weltkulturerbe Oberes Mittelrheintal und ist durch seine Nähe zum sagenumwobenen Felsen Loreley ein touristischer Anziehungspunkt. Dies wurde gerade in den letzten Jahren zum Anlass genommen, den innerstädtischen Bereich zu verschönern.

Seinen Namen verdankt das idyllische Städtchen dem hl. Goar, einem französischen Mönch, der im 6. Jh. hier zunächst in einer Höhle lebte. Er kümmerte sich besonders um die Rheinschiffer, später auch um durchziehende Pilgerinnen und Pilger, und errichtete zu diesem Zweck ein Hospiz sowie einen ersten Sakralbau. Die beiden Gebäude waren schließlich Grundlage für das im 11. Jh. entstandene Chorherrenstift. Die sehenswerte Stiftskirche mit einer Jakobusdarstellung gehört heute der evangelischen Kirchengemeinde. Die Grabplatte des hl. Goar befindet sich in der Ende des 19. Jh. erbauten katholischen Pfarrkirche.

Hoch über der Stadt thront die mächtige Festungsanlage der ♜ Burg Rheinfels, deren Bau Mitte des 13. Jh. durch die Katzenelnbogener Grafen begonnen wurde. Ende des 18. Jh. wurde die Festung von den Franzosen gesprengt und diente dann als Materiallieferant, u. a. für die Koblenzer Festung Ehrenbreitstein.

Wenn Sie weiterpilgern möchten, biegen Sie kurz vor dem Bahnhof nach rechts ab und unterqueren die Bahngleise. Sie haben nun eine große Anzahl an Treppenstufen auf dem Weg in die Höhe vor sich. Sie passieren ein Hinweisschild zu einem Natur- und Erlebnispfad und einem Turm mit Verlies aus früheren Tagen (beachten Sie auch den Hinweis auf das „Wunschwasser“ an einer Mauer vor dem Turm). Steigen Sie weiter die Treppen aufwärts und nehmen Sie den ersten

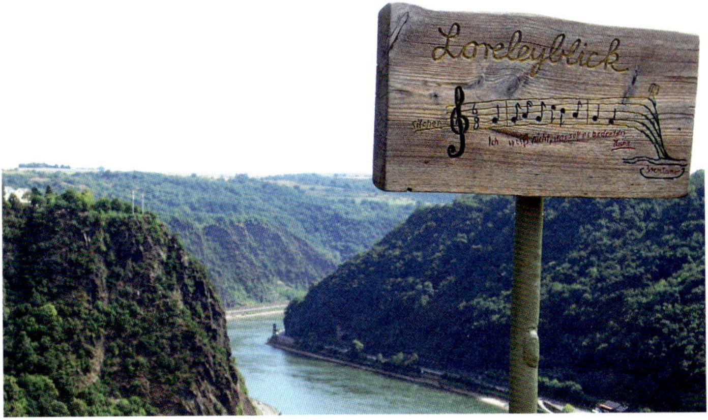

Aussichtspunkt Loreleyblick

Abzweig nach links. Der schmale Pfad mit schützendem Stahlgeländer bringt Sie geradewegs zur Kretsch-Hütte ❺. Dort bekommen Sie eine völlig neue Perspektive auf St. Goar und von der anderen Rheinseite lacht Ihnen die Schwesterstadt St. Goarshausen mit Burg Katz entgegen.

Hinter der Hütte folgen Sie dem Weg bis zum Rand einer Ackerlandschaft und biegen an einer eingezäunten Streuobstwiese nach links ab, um zunächst auf einem Feldweg am Rand entlang und kurz darauf durch ein Feld bis zum Aussichtspunkt Bankeck zu laufen. Sie bleiben weiterhin an der Hangkante und erreichen zwischendurch den Aussichtspunkt Loreleyblick. Eine Informationstafel erzählt Ihnen alles, was Sie schon einmal über die Loreley wissen wollten. Kurz darauf kommen Sie an einer weiteren Station mit einer Sinnesbank vorbei. Vor einem stark verzweigten Baum biegt der Weg nach links über ein paar flache Stufen in den Wald ab.

Auf dieser kurzen Abwärtspassage auf einem schmalen Pfad sollten Sie tief durchatmen, denn nach der Überquerung des Seelenbaches geht es wieder ordentlich aufwärts bis zum Rastplatz Galgenhöhe. Es folgt ein weiteres Wegstück abwärts über gut begehbare Stufen, der Untergrund wird etwas felsiger und bei Nässe auch rutschig. An einer Gabelung halten Sie sich rechts, erneut ansteigend und den Galgenbach überquerend. Danach werden Sie noch ein weiteres Mal von einer steilen Passage gefordert und schlagen an einer Gabelung den linken Pfad ein. Sie erreichen den Aussichtspunkt Maria Ruh ❻ am Rande von **Urbar** (, 700 Ew.) mit einem Denkmal für die Väter des Loreley-Liedes (Clemens Brentano, Friedrich Silcher und Heinrich Heine). Ihre Trinkwasservorräte können Sie an einem Wasserhahn in der Nähe des Denkmals auffüllen. Oberhalb der Anlage lädt das Gasthaus Loreleyblick Maria Ruh zu einer Pause ein (Mo u. Di 12:00-18:00, Mi-Sa 11:00-18:00, So 9:00-18:00)

Rechts neben dem Denkmal geht der Weg durch die Pergola bis zu einem asphaltierten Weg, dem Sie nach links folgen. Hinter einem umzäunten Grundstück laufen Sie auf Höhe eines weiteren Rastplatzes geradeaus auf einem Wiesenweg, bis Sie hinter einem Hochsitz einen Abzweig in den Wald erreichen. Hier befinden sich einige Treppenstufen aus Holz, die bei Nässe rutschig sein können. Wenn Sie aus dem Wald treten, bleiben Sie auf dem Wiesen- und Schotterweg, der sich nach wenigen Schritten nach links erneut zur Hangkante wendet. Am Ende des Weges stoßen Sie auf eine Gabelung, wenden sich nach rechts, um an der folgenden Kreuzung mit Kopfsteinpflaster nach links abwärts weiterzugehen. Von der Schutzhütte am Büttenplatz können Sie am Horizont bereits Oberwesel erkennen.

Vor einem verschlossenen Tor am Weinberg geht es am Zaun entlang nach rechts oben. Dort wenden Sie sich nach links, pilgern durch die Weinlage Urbarer Beulsberg und passieren das Marterl, einen Bildstock, sowie am abwärtsführenden Schotterweg drei Metallskulpturen. In einer Linkskurve auf Höhe der zwei Skulpturen und nahe einer Sitzbank biegen Sie nach rechts auf einen Wiesenweg ab. Dieser mündet in einen Waldweg und endet geradeaus entlang einer Trockenmauer an der K95, die Sie nach rechts überqueren. Der Weg setzt sich danach links fort und ist an acht Stellen mit Trollen aus Metall – von verschiedenen Künstlern entworfen – bereichert worden. Hinter einem eingezäunten Gelände folgt eine Gabelung, die vom Troll ohne Furcht und Tadel bewacht wird. Hier nehmen Sie den linken Abzweig und treffen schließlich erneut auf die K95, die Sie am Aussichtspunkt Siebenjungfrauenblick in Richtung Günderodehaus ❼ (, ☏ 067 44/71 40 11, März-Nov täglich 12:00-17:00) überqueren.

Genießen Sie das Angebot der Gaststätte unter einem mächtigen Kastanienbaum mit traumhafter Aussicht. Das 200 Jahre alte Fachwerkhaus wurde in Seibersbach im Hunsrück abgetragen und an seinem jetzigen Standort für Filmaufnahmen zum Sechsteiler „Heimat 3“ aufgebaut. Nach Abschluss der Dreharbeiten 2005 wurden hier ein Filmmuseum und eine kulturelle Begegnungsstätte eingerichtet.

Nach Oberwesel gelangen Sie, wenn Sie am bereits erwähnten Kastanienbaum rechts daneben den abwärtsführenden Wirtschaftsweg durch die Weinberge wählen.

☺ Beachten Sie auch die in den Boden eingelassene Spur der Rheinromantik. Mit diesem Blick hat William Turner 1840 sein Aquarell „Oberwesel" gemalt. Dieses können Sie sich mittels eingelassenen QR-Codes ansehen.

An der ersten Gabelung geht es links weiter und danach geradeaus in die Straße Siebenjungfrauenblick bis zur Niederburger Straße. Dort biegen Sie nach links ab und bleiben bitte auf dem schmalen Seitenstreifen bis zum Niederburger Tor. Dort nutzen Sie die Treppe und laufen den romantischen Weinlehrpfad mit im Schieferboden hinterlassenen Spuren von Fuhrwerken abwärts. Sie passieren die Darstellung von einigen Weinheiligen des Rheintals und erreichen die Koblenzer Straße, der Sie rechts nach Oberwesel hinein folgen.

☺ An einer Pizzeria haben Sie nun die Wahl: Entweder nehmen Sie den direkten Weg ins Zentrum von Oberwesel und zur Liebfrauenkirche durch die Koblenzer Straße und die Liebfrauenstraße oder Sie folgen dem markierten Weg einige Treppen hoch zur ✞ ⊙ St.-Martin-Kirche mit Friedhof. Wenn Sie sich für den kürzeren und leichteren Weg entscheiden, erreichen Sie bald die ℹ Tourist-Information sowie etwas abseits von der Liebfrauenstraße in der Unterstraße die ✞ ⊙ Katharinenkapelle, eine Kapelle des Hofgutes des Klosters Eberbach.

Gehen Sie nun noch etwas weiter an der Friedhofsmauer entlang und überqueren Sie auf Höhe des Friedhofstores die K92. Am Beginn der Leitplanke nehmen Sie den mit zwei Sperren versehenen Pfad oberhalb der mittelalterlichen Stadtmauer. Wenn Sie aufmerksam über die Stadtmauer sehen, entdecken Sie die Ruinen des Chores des ehemaligen Minoritenklosters.

Schließlich erreichen Sie eine kleine Kapelle, vor der Sie nach rechts an einigen Kreuzwegstationen vorbei zum Hardtweg aufsteigen müssen. Folgen Sie der Straße bis zur Chablisstraße, biegen Sie dort nach links ab und überqueren Sie die Straße. Hinter dem Haus Nr. 29 mit einer deutlich sichtbaren Treppe sehen Sie einen stufigen Weg, dem Sie bis zu einem hölzernen Tor mit der Aufschrift „Elfenley-Weg zur Burg" folgen. Dort gehen Sie geradeaus abwärts bis zur Kirchstraße, wo sich rechter Hand die ✞ ⊙ Liebfrauenkirche (🚪 täglich 14:00-17:00) befindet. Darin finden Sie mehrere Jakobusspuren.

Oberwesel

2.800 Ew.

Tourist-Information, Rathausstraße 3, 55430 Oberwesel, ☏ 067 44/710 62 49, info@oberwesel.de, www.oberwesel.de, Mo-Do 9:00-13:00 und 14:00-17:00, Fr 9:00-13:00; in der Sommersaison zusätzlich Fr 14:00-17:00, Sa u. So 10:00-14:00, ⊙

Gästehaus Karbach, Hardtweg 9, 55430 Oberwesel, am Weg, ☏ 067 44/84 63, karbach@fewo-oberwesel.de, www.fewo-oberwesel.de, EZ ab € 38, DZ ab € 55, inkl. Frühstück, Hund € 5

Rheintal-Jugendherberge, Auf dem Schönberg, 55430 Oberwesel, 100 m vom Weg entfernt, ☏ 067 44/933 30, oberwesel@diejugendherbergen.de, www.diejugendherbergen.de/oberwesel, Ü ab € 26 p. P., inkl. Frühstück

Campingplatz Schönburgblick, Am Hafendamm 1, 55430 Oberwesel, 700 m vom Weg entfernt, ☏ 067 44/71 45 01, camping-oberwesel@t-online.de, www.camping-oberwesel.de, Mitte März-Okt, € 5,50 p. P., Zelt € 5,50, Haustier € 1

Mutter-Rosa-Kapelle/Werner-Legende

Sowohl in Oberwesel als auch in Bacharach gibt bzw. gab es eine Wernerkapelle. Beide sollten an den 16-jährigen Tagelöhner Werner erinnern, dessen Schicksal ihn zum Märtyrer und Volksheiligen aufsteigen ließ. Seine Leiche wurde Gründonnerstag 1287 in der Nähe von Bacharach gefunden, die Todesursache allerdings nie aufgeklärt. So verbreitete sich das vom damaligen Pfarrer Heinrich Crumbach initiierte Gerücht von einem Ritualmord der jüdischen Gemeinde von Oberwesel, das zu einer Judenverfolgung mit 40 Toten führte. Aller Wahrscheinlichkeit nach sollte jedoch das wahre Verbrechen nur vertuscht werden.

In Oberwesel wurde bereits zwei Jahre später eine Wernerkapelle erbaut. In Bacharach wurde die vorhandene Kunibertkapelle ausgebaut und umbenannt. Allerdings wurde der Name Werner nach dem Zweiten Vatikanischen Konzil 1963 aus dem Heiligenverzeichnis gestrichen und die Oberweseler Kapelle 2008 nach der seliggesprochenen Mutter Maria Rosa Flesch, der Gründerin der Waldbreitbacher Franziskanerinnen von der allerseligsten Jungfrau Maria von den Engeln, in Mutter-Rosa-Kapelle umgewidmet. Die Kapelle des um 1300 errichteten Heilig-Geist-Hospitals wurde im Pfälzischen Erbfolgekrieg 1689 nahezu zerstört. Nur wenig später wurde mit dem Wiederaufbau begonnen, der sich allerdings nur auf ein verkürztes Kirchenschiff mit dem Chor beschränkte.

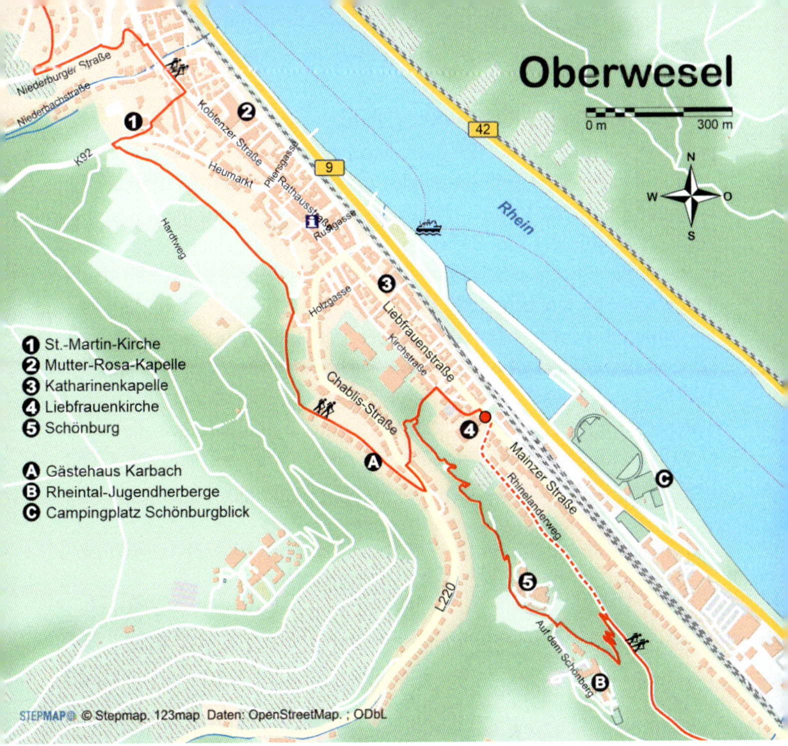

✝ ⊙ Katharinenkapelle

Im Jahr 1218 besaß das Zisterzienserkloster Eberbach bereits Ländereien in Oberwesel und kaufte weitere Parzellen innerhalb der Stadtmauer dazu. Innerhalb des Hofgutes wurde in der zweiten Hälfte des 14. Jh. mit Zustimmung des Dekans des Liebfrauenstifts, Otto von Schönburg, eine Kapelle errichtet, damit „ihre Leute bei der Durchreise einen geeigneten Ort vorfinden, wo sie ihre Messen lesen können“. Im pfälzischen Erbfolgekrieg wurde auch die Kapelle stark in Mitleidenschaft gezogen und mit einem hölzernen Tonnengewölbe versehen. Nach der Säkularisation konnten Gutshof und Kapelle nicht mehr genutzt werden und wurden 1862 an die Familie Becker versteigert. Deren Nachkommen sind heute immer noch Eigentümer und haben 1986/87 die Kapelle umfassend sanieren lassen.

✞ ⊙ Katholische Kirche St. Martin

Auf dem höchsten Punkt der Stadt findet man die im Volksmund bezeichnete „Weiße Kirche". Im 13. Jh. bestanden in Oberwesel zwei Pfarrbezirke, nämlich Liebfrauen und St. Martin. Über die Vorgängerkirche ist heute recht wenig bekannt. So wurde 1303 ein weiteres Kollegiatstift errichtet, dessen Patronatsrecht auf die Ritter von Schönburg überging. (Das Patronatsrecht für die bereits 1258 zum Stift erhobene Liebfrauenkirche hatten die Ritter von Milewalt inne.) So wurde um 1350 mit dem Neubau der Martinskirche begonnen, der sich sehr stark an der Architektur der Liebfrauenkirche orientierte. Der Bau zog sich fast 150 Jahre hin. Zunächst wurden Turm und Mittelschiff, erst danach das nördliche Seitenschiff errichtet. Das südliche Seitenschiff wurde hingegen nie begonnen. Der Turm wurde im Laufe der Zeit zu einem Wehrturm ausgebaut und war Bestandteil der mittelalterlichen Befestigungsanlage von Oberwesel.

Katholische Kirche St. Martin und Teile der mittelalterlichen Stadtmauer

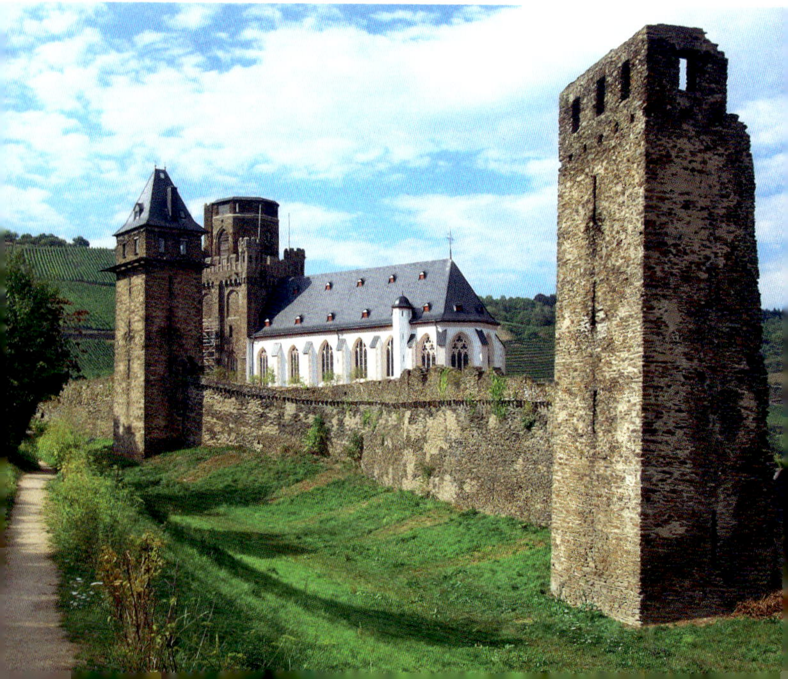

✞ ⊙ Katholische Liebfrauenkirche

Der Baubeginn der spätgotischen Kirche konnte durch eine Jahreszahl auf einem verloren gegangen Glasfenster auf 1308 datiert werden. Zunächst musste jedoch die romanische Vorgängerkirche, die erstmals 1213 erwähnt wurde, abgerissen werden. Die Weihe des Chores fand nach einer dort eingemauerten Urkunde am 15. August 1331 statt, wahrscheinlich durch Kurfürst Balduin von Trier persönlich. Danach zog sich der Bau noch weitere circa 50 Jahre hin bis zur Vollendung des 72 m hohen Turmes und des Langhauses. Als Baumaterial wurde Schieferbruchstein aus der Region verwendet, der dann rot verputzt und mit weißer Quadermalerei versehen wurde. Im Volksmund wurde sie auch „Rote Kirche" genannt. Die Kirche selbst wurde als dreischiffige Basilika ohne Querhaus errichtet und besticht durch ihre schlanke und steile Form, die besonders durch die 18 m hohen Chorfenster deutlich wird. Das Langhaus wird durch einen Lettner vom Stiftschor getrennt. Besonders imposant ist der Goldaltar aus der Erbauerzeit. Am rechten Pfeiler vor dem Lettner befindet sich eine Darstellung des hl. Jakobus als Pilger vor der Kathedrale von Santiago de Compostela aus dem 16. Jahrhundert. Vor ihm kniet eine kleine Pilgerschar und bittet ihn: „O heilliger Sant Iacop byt gott vor vns areme pilgerum" (O heiliger Sankt Jakob, bitte Gott für uns arme Pilger). Rechts davon befindet sich unter dem Fenster ein Gnadenstuhl aus dem 15. Jh. mit der Darstellung der Dreifaltigkeit. Rechts neben Gottvater schaut Ihnen der hl. Jakobus in die Augen. Zu früheren Zeiten zogen die Pilgerinnen und Pilger durch Oberwesel nach Nordspanien und wurden hier durch eine Bruderschaft betreut.

Erst vor wenigen Jahren wurden bei Ausgrabungen Abfallgruben aus der Römerzeit gefunden und somit der Nachweis einer frühen Besiedelung erbracht. Wahrscheinlich gab es jedoch vorher schon eine keltische Ansiedlung, nach der die Stadt benannt worden sein soll.

Unter der Herrschaft des Trierer Erzbischofs ab dem 14. Jh. stieg die Bedeutung der Stadt, dazu sorgten florierender Handel, Handwerk und Weinbau für hohe Einkünfte. Dies hatte zur Folge, dass im 14. Jh. die mit 16 Türmen versehene Stadtmauer weiter ausgebaut werden konnte. Sie besteht zu großen Teilen noch heute und bietet dem alle zwei Jahre stattfindenden „Mittelalterlichen Spectaculum" eine authentische Kulisse.

10. Etappe: Von Oberwesel nach Bacharach

➲ 13,8 km, ⌛ 4 Std., ↑ 395 m, ↓ 386 m, ⇧ 77-243 m

0,0 km	⇧ 78 m	Oberwesel
13,8 km	⇧ 85 m	Bacharach

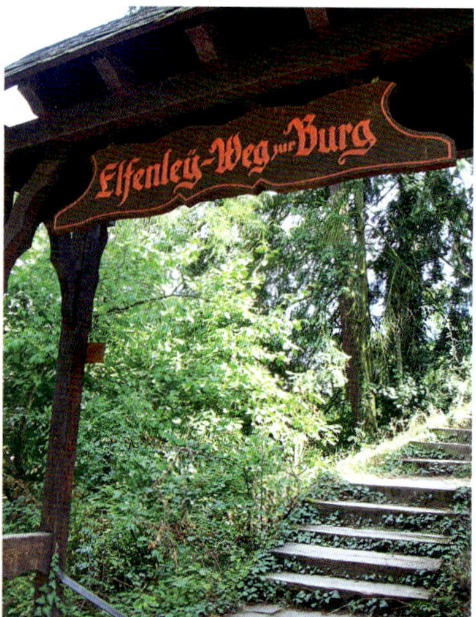

Felsenpfad Elfenley

Heute haben Sie im Gegensatz zum gestrigen Tag eine kurze Etappe mit deutlich weniger Höhenunterschieden vor sich. Sie pilgern überwiegend auf der Höhe, wo sich immer wieder schöne Ausblicke auf das Mittelrheintal erhaschen lassen. Das verträumte Bacharach heißt Sie am Abend herzlich willkommen und bietet Ihnen ausreichend Gelegenheit zur kulinarischen und kulturellen Entspannung.

Zum Beginn der heutigen Etappe können Sie zwischen zwei Varianten wählen, die beide auf der Rückseite des Chores der Liebfrauenkirche beginnen.

↳ Deutlich einfacher und damit auch ein etwas bequemerer Zugang zur Jugendherberge (nach ca. 150 m rechts in den Hang abbiegen) bietet Ihnen der Rhinelanderweg (= K90). Dieser beginnt nur wenige Schritte links von Ihrem Standort und führt neben der Liebfrauenkirche aufwärts bis zum Aussichtspunkt Tempelchen. Bei dieser Variante entgehen Ihnen allerdings schöne Ausblicke auf Oberwesel.

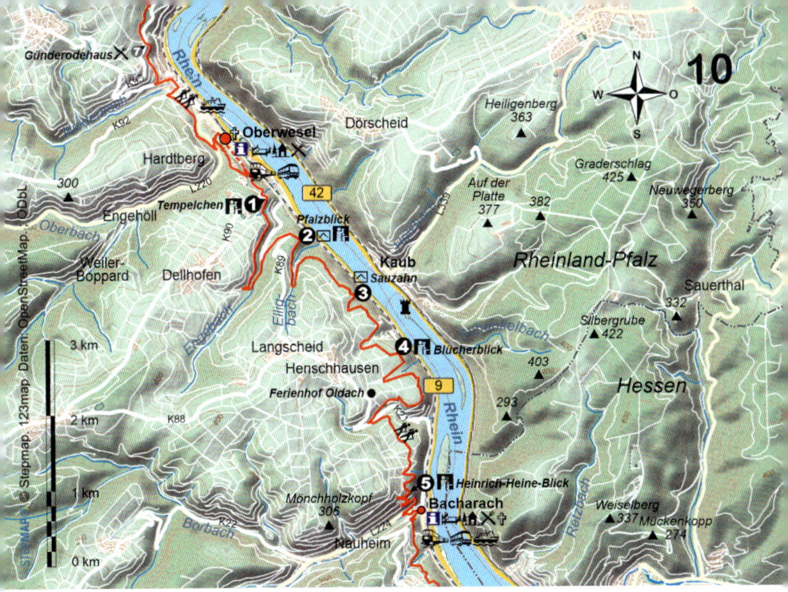

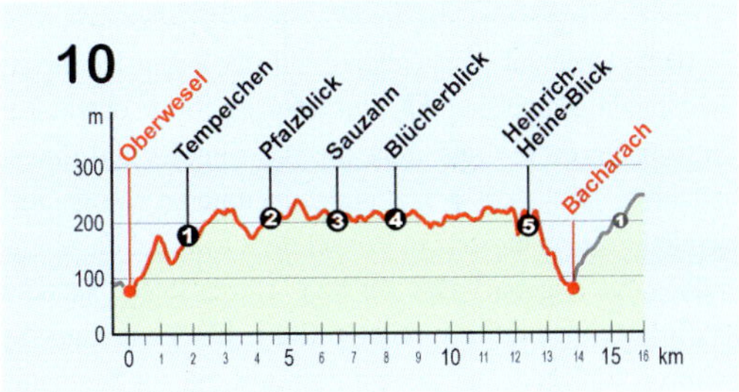

Sehr anspruchsvoll dagegen ist die Route über den Felsenpfad Elfenley zur ♜ Schönburg. Dazu gehen Sie nach rechts aufwärts in die Kirchstraße und biegen nach ca. 100 m links in den Burgweg ein. Ab dem bereits gestern passierten Tor steigen Sie auf überwiegend losen Steinen und Schieferplatten, die bei Nässe rutschig sind, zur Schönburg auf, in der sich das Kolpinghaus und ein Hotel befinden. Unmittelbar nach Überquerung der Zugbrücke, in deren Verlängerung Sie die Rheintal-Jugendherberge vorfinden, wenden Sie sich nach links und erreichen über mehrere Serpentinen die tiefer gelegene K90, wo Sie wieder auf die oben beschriebene Variante treffen.

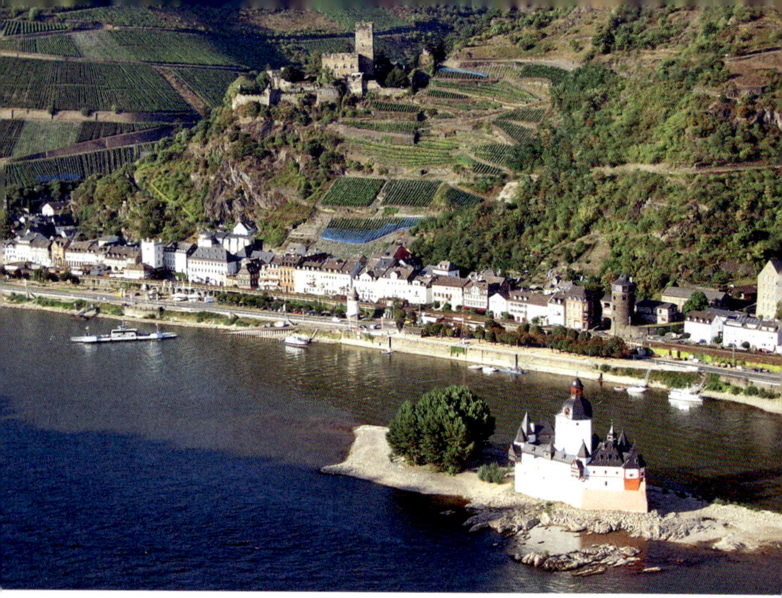

Blick auf Burg Pfalzgrafenstein und Kaub

Bleiben Sie auf dem Gehweg auf der linken Fahrbahnseite bis zum Aussichtspunkt Tempelchen ❶. Nur wenige Schritte dahinter biegen Sie links in einen Wirtschaftsweg ein, auf dem Sie das Engebachtal durch Weinberge und Wald umlaufen. Die nächste Kreuzung überqueren Sie geradeaus, an der folgenden wenden Sie sich im spitzen Winkel nach links auf die abwärts führende Fahrstraße entlang des Engebachs bis zur K89. Dieser folgen Sie aufwärts auf einem schmalen Trampelpfad auf der rechten Seite, bis Sie in einer Spitzkehre in den linken Feldweg abbiegen. Auf diesem gelangen Sie zur Schutzhütte Pfalzblick ❷.

Auf einem asphaltierten Weg umlaufen Sie nun das Elligbachtal. Den ersten Abzweig lassen Sie links liegen, während Sie sich an der ersten Kreuzung und den zwei nachfolgenden Gabelungen jeweils links halten müssen. Schließlich gehen Sie an freiem Feld auf einem Feld- und Wiesenweg wieder an der Hangkante entlang. An einem asphaltierten Wegstück biegen Sie nach links ab und erreichen durch eine Fahrzeugsperre hindurch die Grillhütte Sauzahn ❸ mit einem wunderschönen Blick auf Kaub, Burg Gutenfels und Burg Pfalzgrafenstein im Rhein. Auch hinter der Hütte wird die Hangkante bis zum Aussichtspunkt Engelsburg Ihr Begleiter sein. Hier besteht die Möglichkeit, zur Fähre nach Kaub abzusteigen.

Außerdem stoßen an dieser Stelle Pilgerinnen und Pilger vom Rhein-Camino nach Überquerung des Flusses auf den Linksrheinischen Jakobsweg. Rechts im Tal sehen Sie die ehemalige Schiefergrube Rhein, die Sie nun umlaufen müssen.

Sie überqueren einen Asphaltweg und wandern auf einem Wiesenweg geradeaus durch Ackerland weiter. Am einem Hochsitz folgen Sie dem Wiesenweg, der auf den ersten 20 m entlang eines Maschendrahtzaunes und danach zwischen zwei Feldern verläuft. An dessen Ende stoßen Sie auf einen asphaltierten Wirtschaftsweg, auf dem Sie nach links auf den Aussichtspunkt Blücherblick ❹ zuwandern. Dort geht es rechts weiter und Sie umgehen das Burbachtal in Richtung eines am Horizont zu sehenden Reiterhofs, des Ferienhofs Oldach. Hier können Sie am Wochenende zu einer Rast bei Kaffee und Kuchen einkehren (Ostern bis Ende Oktober Sa u. So 14:00-18:00). An einer Reihe mit drei Apfelbäumen wenden Sie sich nach links und nach rund 100 m erneut nach links. Hier bleiben Sie an der Hangkante und passieren den Aussichtspunkt Auf dem Kreuzstein.

Verlassen Sie den Wiesenweg dann nach links und gehen Sie auf der Straße noch ca. 100 m bis zu einer Gabelung abwärts. Hier nehmen Sie den rechten Weg vorbei an zwei Bänken. An einem Hochsitz auf der linken Seite, der an einem Baum angebracht wurde, zweigt die Route kaum sichtbar nach links ab. Folgen Sie an der nächsten Gabelung dem rechten Weg, der Sie zunächst an Ackerfläche und danach an Weinbergen vorbeiführt. Am Ende einer Trockenmauer biegen Sie links ab zur Rheingoldstraße (K21). Nachdem Sie diese überquert haben, geht es noch einmal auf dem Fahrweg etwas aufwärts. Hinter einer lang gezogenen Rechtskurve verläuft der Jakobsweg weiter auf dem asphaltierten Wirtschaftsweg und Sie bewegen sich auf eine Baumgruppe zu. Nach ca. 800 m biegen Sie an einer Kreuzung nach links auf einen Wiesenweg ab. Dieser Weg führt Sie leicht abwärts an einem Holzschuppen vorbei durch weitere Weinfelder bis zur Hangkante. Etwas unterhalb des Weges erreichen Sie über ein paar Stufen den Heinrich-Heine-Blick ❺ mit einer tollen Aussicht auf Ihren Zielort Bacharach.

Circa 200 m hinter dem Aussichtspunkt erreichen Sie einen Wirtschaftsweg, biegen nach links ab und verlassen ihn direkt wieder nach links zum Orionsteig. Jetzt sollten Sie sich ganz auf den nicht gut gesicherten Abstieg mit seinen manchmal etwas überhöhten Stufen konzentrieren. Sie werden über einen schmalen Pfad in Serpentinen den Weinberg hinab ins Tal gebracht. Dabei stehen Ihnen eine Stahltreppe und -seile zur Hilfestellung zur Verfügung, in der Mitte gibt es auch noch einen kleinen Rastplatz. Eine Etage oberhalb der sichtbaren Türme wenden Sie sich noch einmal nach links aufwärts bis zu einer Relaxliege, wo es rechts weiter abwärts zur Ruine des Spitzen Turmes geht. Kurz darauf erreichen Sie den Postenturm, den Sie auch bis zur vorletzten Etage besteigen können. Letztendlich treffen Sie am Steegertor auf die Blücherstraße.

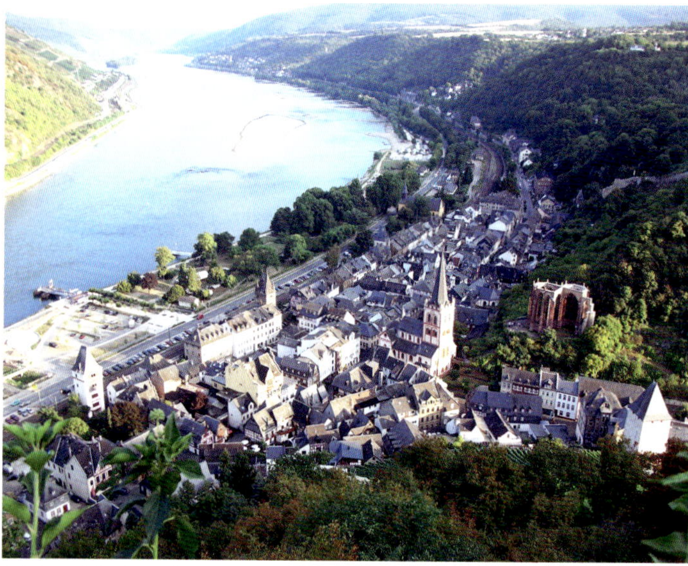

Blick auf Bacharach

Diese überqueren Sie und gehen in den Burgweg, dem Sie nach links über den Parkplatz eines Hotels in Richtung Steegertor folgen. Auf Höhe des Tores sollten Sie den Kopf einziehen, denn der Durchgang ist sehr niedrig. An einer kleinen Treppe können Sie auf dem markierten Jakobsweg zur Burg Stahleck und damit zur Jugendherberge aufsteigen, geradeaus geht es ins Zentrum von Bacharach und zur evangelischen Kirche St. Peter (April-Okt täglich 10:00-18:00). Von dort ist der weitere Weg über die Wernerkapelle zur Burg ebenfalls markiert.

Bacharach

1.900 Ew.

Tourist-Information, Oberstraße 10, 55422 Bacharach, 067 43/91 93 03, info@rhein-nahe-touristik.de, www.rhein-nahe-touristik.de, Mo-Fr 9:00-17:00, Sa, So, Feiertage 10:00-14:00, Winter Mo-Fr 9:00-13:00,

Hotel-Pension Im Malerwinkel, Blücherstraße 41-45, am Weg, 067 43/12 39, info@im-malerwinkel.de, www.im-malerwinkel.de, EZ € ab 63, DZ € ab 94, DBZ € ab 118, inkl. Frühstücksbüffet

♦ Gästehaus Stroeter, Blücherstraße 71, 55422 Bacharach, 300 m vom Weg entfernt, 067 43/13 88, info@urlaub-bacharach, www.urlaub-bacharach.de, EZ € 72, DZ € 85, inkl. Frühstück

♦ Hotel Zur alten Mühle, Blücherstraße 105, 55422 Bacharach, 800 m vom Weg entfernt, 067 43/14 43, info@alte-muehle-bacharach.de, www.alte-muehle-bacharach.de, EZ € 49, DZ € 75, inkl. Frühstück, Hund kostenfrei

Jugendherberge Burg Stahleck, am Weg, 067 43/12 66, bacharach@diejugendherbergen.de, www.diejugendherbergen.de/bacharach, Ü ab € 26 p. P., inkl. Frühstück

Campingplatz Sonnenstrand, Strandbadweg 9, 55422 Bacharach, 700 m vom Weg entfernt, 067 43/17 52, info@camping-sonnenstrand.de, www.camping-rhein.de, Mitte April-Okt.,

Evangelische Pfarrkirche St. Peter

Die Lage der romanischen Emporenbasilika am Hang bestimmte beim Bau ab 1230 die ungewöhnlich kurzen Maße des Langhauses, das lediglich eine Länge von 11 m aufweist. Architektonisch gehört die Kirche zum rheinischen Übergangsstil, also von der Spätromanik zur Gotik. In der Frühphase der Arbeiten entstand der in das Langhaus integrierte Turm, während der Chor erst um 1350 fertiggestellt wurde.

Weitere Anpassungen erfolgten im 14. und 15. Jh. Eine Vorgängerkirche und St. Peter gehörten bis zur Reformation dem Kölner Andreas-Stift, das in dieser Zeit auch den Pfarrer stellte. Die heutige farbenprächtige Ausmalung erfolgte ab 1970 und hatte als Vorbild die bei Sanierungsarbeiten freigelegten Reste der spätromanischen Fresken.

✝ Wernerkapelle

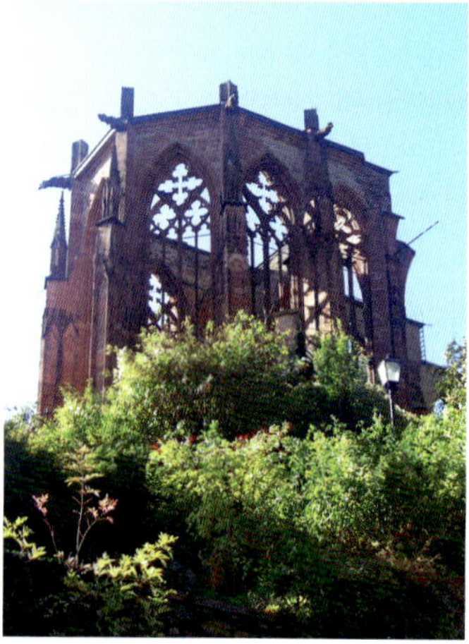

Ruinen der Wernerkapelle

Nach dem Judenpogrom nach dem vermeintlichen Mord an dem 16-jährigen Werner (☞ Oberwesel) wurde 1289 mit dem Bau einer Kapelle mit hochgotischen Fenstern zu dessen Andenken begonnen. 1293 wurde ein Werner-Altar im südlichen Arm des Gebäudes und 1337 der Ostchor geweiht. Die endgültige Fertigstellung erfolgte allerdings erst 1426 auf Bestreben des damaligen Pfarrers und Theologieprofessors Dr. Winand von Steeg. Bei der Sprengung der Burg Stahleck im Pfälzischen Erbfolgekrieg 1689 fielen Trümmer auf die Kapelle und beschädigten diese schwer. Im 18. Jh. musste zunächst der Nordarm mit einem Figurenportal abgerissen werden, danach wurden auch noch sämtliche Dächer und Gewölbe entfernt. Erst 1980 begann unter der Regie des Bauvereins Wernerkapelle die Restaurierung. Die Wernerkapelle steht heute als Mahnmal zum Umgang zwischen Christen und Juden, dazu ist auf einer Tafel ein Gebet von Papst Johannes XXIII. zu lesen: "...Wir erkennen heute, dass wir viele Jahrhunderte der Blindheit unsere Augen verhüllt haben, sodass wir die Schönheit deines auserwählten Volkes nicht mehr sahen und die Züge unseres erstgeborenen Bruders nicht mehr wiedererkannten. Wir entdecken nun, dass ein Kainsmal auf unserer Stirn steht. Im Laufe der Jahrhunderte hat unser Bruder Abel in dem Blute gelegen, das wir vergossen, und er hat die Tränen geweint, die wir verursacht haben, weil wir deine Liebe vergaßen. Vergib uns den Fluch, den wir zu Unrecht an den Namen der Juden hefteten. Vergib uns, dass wir dich in ihrem Fleische zum zweiten Mal ans Kreuz schlugen, denn wir wussten nicht, was wir taten."

Wie bei vielen Städten an Flüssen wurde auch die Region um Bacharach schon sehr lange als Siedlungsraum genutzt. Im 19. Jh. wurden jungsteinzeitliche Hämmer und Beile sowie Waffen und Gebrauchsgegenstände aus der Bronzezeit aus

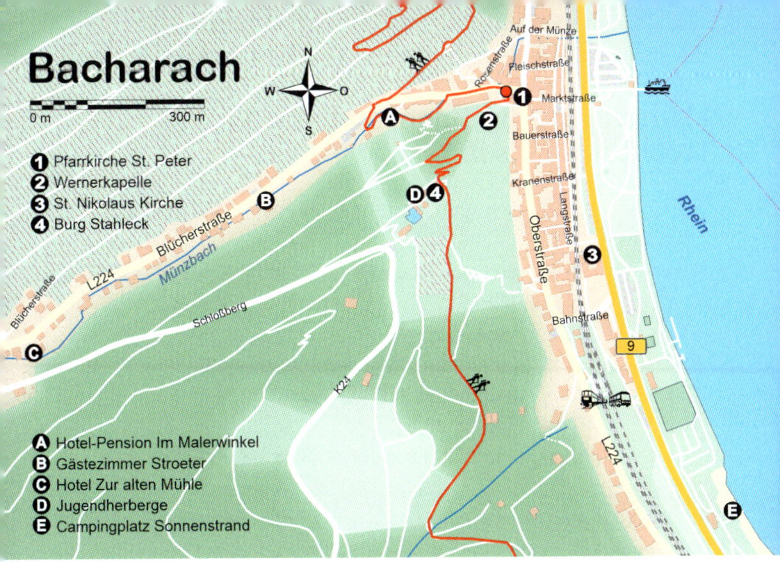

dem Rhein geborgen. Neben keltischen Hügelgräbern und merowingischen Reihengräbern fand man außerdem Fragmente einer antiken Straße und Überbleibsel aus der Römerzeit.

Die Pfalzgrafen von Bacharach erbauten mitten im Rhein die Zollburg Pfalzgrafenstein, um den einträchtigen Rheinzoll zu sichern. Dieser verhalf der Stadt in Verbindung mit Weinbau und Weinhandel zu wachsendem Wohlstand. Die mächtige Stadtmauer und eine eigene Münze verdeutlichen die damalige Stellung von Bacharach.

Gegen Ende des 18. Jh. wurde die Stadt durch die Franzosen besetzt. Erst am 31. Dezember 1814 konnte durch den geglückten Rheinübergang des preußischen Feldmarschalls Blücher von Kaub ausgehend die Befreiung von der französischen Herrschaft eingeleitet werden.

Als der Zoll aufgehoben wurde und die Weinpreise verfielen, ging es wirtschaftlich zunächst bergab, bevor durch das Aufkommen der Rheinromantik und den Bau der Eisenbahnlinie der bis heute noch stark ausgeprägte Tourismus einsetzte. Neben den zahlreichen gut erhaltenen Fachwerkhäusern zählt die Wernerkapelle zu den Sehenswürdigkeiten der Stadt. Unscheinbar mitten in der Oberstraße 39 befindet sich die sehenswerte ✝ Josefskapelle. Diese war die 1758 erbaute Hofkapelle der beidseitig angrenzenden Lateinschule.

11. Etappe: Von Bacharach nach Trechtingshausen

20 km, 5 Std.30 Min., 724 m, 710 m, 77-449 m

0,0 km	85 m	Bacharach
3,5 km	234 m	Medenscheid
8,0 km	120 m	Oberdiebach (Dorfgemeinschaftshaus)
11,3 km	93 m	Niederheimbach
16,6 km	459 m	Kölsche Wiesen
20,0 km	97 m	Trechtingshausen BANK

Die heutige Etappe ist zwar erneut nicht sehr lang, es erwartet Sie allerdings ein herausforderndes Höhenprofil mit einigen kniffligen Passagen. Ihre Wanderstöcke können Sie dabei gut gebrauchen. Wie an den vorherigen Pilgertagen genießen Sie wiederholt herrliche Aussichten in das Rheintal und auf romantische Burgen. Nehmen Sie ausreichend Proviant mit, es gibt heute keine Einkaufsmöglichkeiten.

Sie beginnen Ihren Weg an den Treppen links neben dem Chor der St.-Peter-Kirche und steigen diese bis zur Wernerkapelle hinauf. Über weitere Stufen und einige Serpentinen gelangen Sie zur Burg Stahleck. Vor dem Burgtor wenden Sie sich nach links und laufen an der Burg- und Stadtmauer entlang bis zu einem Wildschutztor. Dahinter durchlaufen Sie eine Waldpassage und bleiben immer geradeaus auf dem Hauptweg. Schließlich erreichen Sie auf einem Wiesenweg eine Wendeschleife für Autos und nehmen dahinter den leicht ansteigenden Weg nach rechts. Sie stoßen an einer Ruhebank auf einen Querweg, in den Sie nach links einbiegen.

Bereits nach wenigen Schritten verlassen Sie den Weg kurz hinter einem Kanaldeckel nach rechts aufwärts und laufen bis zur Villa Sonnenhöhe am Rande von **Neurath** (, 160 Ew.). Hier gehen Sie über den Schotterplatz nach links und anschließend am Waldrand entlang, bis Sie zum Aussichtspunkt Sonnenhöhe ❶ gelangen. Weiter geht es oberhalb der Weinberge an einem Hochspannungsmast vorbei. Sie stoßen dahinter auf eine Kreuzung und biegen rechts aufwärts ab, um sich kurz darauf vor den ersten Häusern nach links zu wenden und

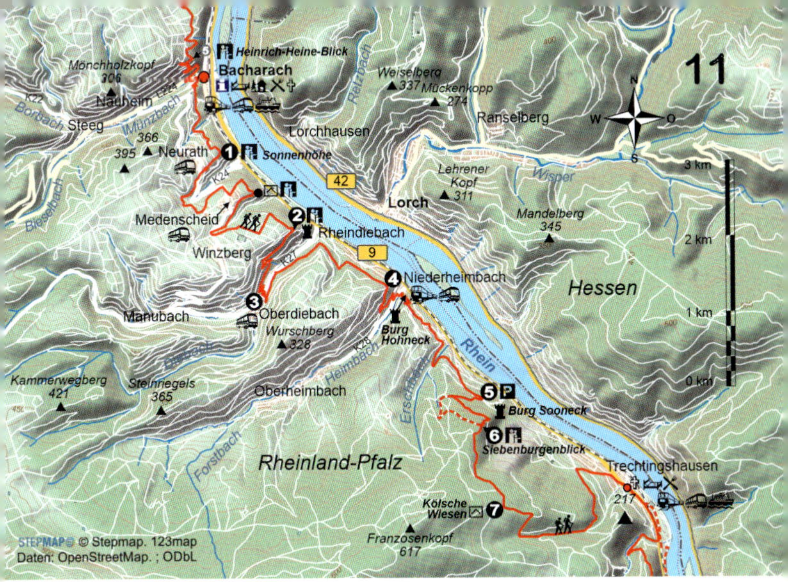

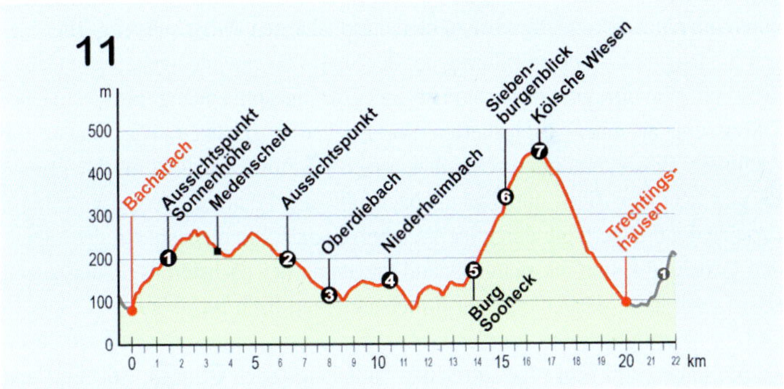

unterhalb des Friedhofes weiterzugehen. Bald überqueren Sie die K24 und wandern an Altglascontainern vorbei in einen Wiesenweg. Sie umrunden nun in einem weiten Bogen das Bombachtal. Ignorieren Sie jegliche Abzweige und bleiben Sie auf dem breiten Hauptweg. Wenn Sie aus dem Wald heraustreten, biegen Sie links ab und laufen an einer Scheune vorbei und danach weiter an der Hangkante entlang bis nach Medenscheid (🚌, 190 Ew.).

Unterhalb der Kreuzung der K24 mit der Bacchusstraße befindet sich ein Rastplatz mit einem großen Insektenhotel – der Willi-Borninger-Platz (benannt nach dem langjährigen Ortsvorsteher von Medenscheid). Besonders einfallsreich ist der ebenfalls dort platzierte Weinautomat, bei dem Sie aus dem Angebot eines Winzers einen guten Tropfen erwerben können. Sie folgen der Bacchusstraße und nach kurzer Strecke links abwärts dem Schlittenweg. Sie erreichen auf Höhe der letzten Häuser einen Wiesenweg, der Sie bis zum nächsten Aussichtspunkt bringt. Sie pilgern oberhalb der Hangkante und passieren einen weiteren Aussichtspunkt mit einer Grillhütte. Von dort laufen Sie auf die mit Verbundsteinen belegte Weingartenstraße zu, biegen links ab und bleiben darauf bis zum Ende. Dort geht es zunächst an einer weißen Mauer entlang auf einem geteerten Wirtschaftsweg abwärts rund um das Winzbachtal. In einer nahen Linkskurve müssen Sie diesen bereits in einen rechts aufwärts führenden Waldweg verlassen. Bald stoßen Sie erneut auf die K24, verlassen diese jedoch hinter ein paar kleineren Eichen wieder nach links. An einem ersten Hochspannungsmast halten Sie sich links am Waldrand. Kurz vor einer weiteren Hochspannungsleitung folgen Sie dem Weg durch das freie Feld nach rechts und wandern auf dem Wiesenweg unterhalb eines Sportplatzes bis zu einem asphaltierten Wirtschaftsweg. Hier biegen Sie nach links in einen Feldweg ab, der Sie bis zu einem eingezäunten Gelände bringt. Von dort geht es nach rechts an der Hangkante entlang, bis Sie zu einer T-Kreuzung an einem asphaltierten Wirtschaftsweg gelangen. Hier biegen Sie nach links ab und erreichen schon bald einen Aussichtspunkt mit Sitzgruppe ❷ und schönem Blick auf Rheindiebach und die Ruine Burg Fürstenberg. Anschließend pilgern Sie durch die Weinberge nach Oberdiebach. An der folgenden Gabelung halten Sie sich links und biegen an der nächsten Kreuzung zuerst scharf nach links, danach an einer Ruhebank scharf nach rechts ab.

Am Ende eines Feldweges erreichen Sie Oberdiebach ❸ (, 860 Ew.) und biegen nach links in den Niehuisweg ein. Anschließend wandern Sie rechts in der Fürstenbergstraße am Winzerverein vorbei und stehen kurz darauf an der Rheingoldstraße. Nach links geht es zur Fürstenberghalle, an der Sie rechts vorbeigehen, bevor Sie einen kurzen Anstieg bewältigen müssen. Oben angekommen wenden Sie sich nach links und bleiben auf dem unteren, parallel zur K27 verlaufenden Waldweg. Hinter einer ehemaligen Mühle tangieren Sie für wenige Schritte die Straße, biegen aber wieder vor dem Tor eines Holzlagerplatzes leicht anstei-

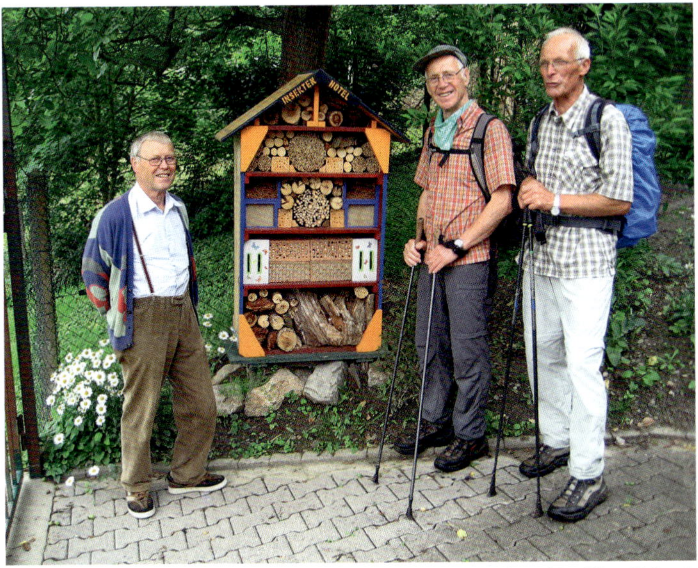

Insektenhotel in Oberdiebach

gend nach rechts ab. Vor einer Rechtskurve haben Sie noch einmal einen schönen Blick auf die Burgruine und das Rheintal. An der nächsten Gabelung wählen Sie den linken Weg, an der folgenden Kreuzung geht es hinter einem schön hergerichteten Grillplatz geradeaus weiter.

Sie laufen jetzt oberhalb der ersten Straßen und Häuser von **Niederheimbach** ❹ (, 770 Ew.). Von einem Rastplatz aus sehen Sie auf den Ort mit der Burg Hohneck herab. Hier wählen Sie den abwärtsführenden linken Weg und lassen den kleinen Glockenturm mitten im Weinberg rechts stehen. An der nächsten Kreuzung biegen Sie scharf nach links ab und bewegen sich oberhalb des Friedhofes weiter abwärts, bis Sie auf die Schulstraße treffen, der Sie nach rechts bis zur Straße Heimbachtal folgen.

Sie wandern an der K28 nach links in Richtung Rhein. Nach ca. 100 m befindet sich hinter einem Heiligenhäuschen der Dorfbrunnen, an dem Sie nach rechts gehen. Dann steigen Sie durch ein Wohngebiet auf einem Märchenpfad mit zahlreichen Darstellungen bekannter Märchen bis zur Burg Hohneck auf.

Sie erreichen einen Kindergarten an der Ernst-Hellmann-Straße, auf der Sie nach rechts laufen. In einer Linkskurve wandern Sie auf dem Feldweg nach links weiter an einem Sendemast vorbei und queren die folgende Kreuzung geradeaus. Nun bewegen Sie sich oberhalb einer Siedlung, entscheiden sich an einer Gabelung für die linke Straße und biegen schließlich rechts in den Löwenheller Weg ein, auf dem Sie bis zum Ortsrand bleiben.

An einer Kreuzung geht es an einem Haus mit weißem Metallzaun entlang und etwas später an einer Gartenanlage mit braunem Tor nach links durch das Erschbachtal. Sie durchlaufen ein verrostetes Eisengittertor, passieren ein Haus und gelangen an eine Straße, die nach rechts zum Parkplatz der ♜ Burg Sooneck ❺ führt. Ab hier haben Sie das anstrengendste Stück des Tages vor sich. Es geht stetig bergauf, zunächst bis zum Parkplatz, danach an einer grünen Ruhebank rechts bis zum Einstieg in den beständig ansteigenden Martinspfad, der 1929 von dem Niederheimbacher Martin Hartmann initiiert und ausgebaut wurde.

✋ ⇘ Wenn Sie sich diesen Abschnitt nicht zutrauen, können Sie ab dem Einstieg zum Martinspfad dem bisherigen Weg weiter folgen. Auf diesem gelangen Sie wesentlich bequemer zum Aussichtsturm.

Aussichtsturm Siebenburgenblick

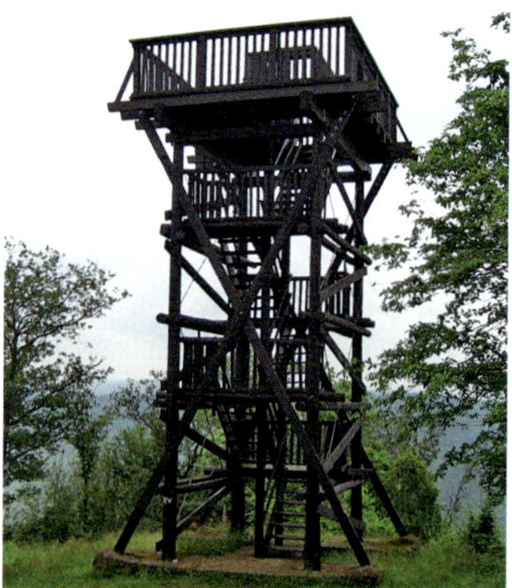

Schließlich erreichen Sie einen Rastplatz. Dahinter beginnt der letzte Teil des Aufstieges zum Aussichtsturm Siebenburgenblick ❻ über den alpinen Rentnersteig, der sich durch felsiges Geläuf aufwärts schlängelt. Seinen Namen hat er vom Rentnerring Niederheimbach, der den Weg vom Martinspfad zum Aussichtsturm, der zwischenzeitlich durch die Erweiterung des Tagebaus unterbrochen war, wiederherstellte. Auf diesem Abschnitt werden Sie vom Lärm des unterhalb des Weges ansässigen Quarzit-Tagebaus begleitet.

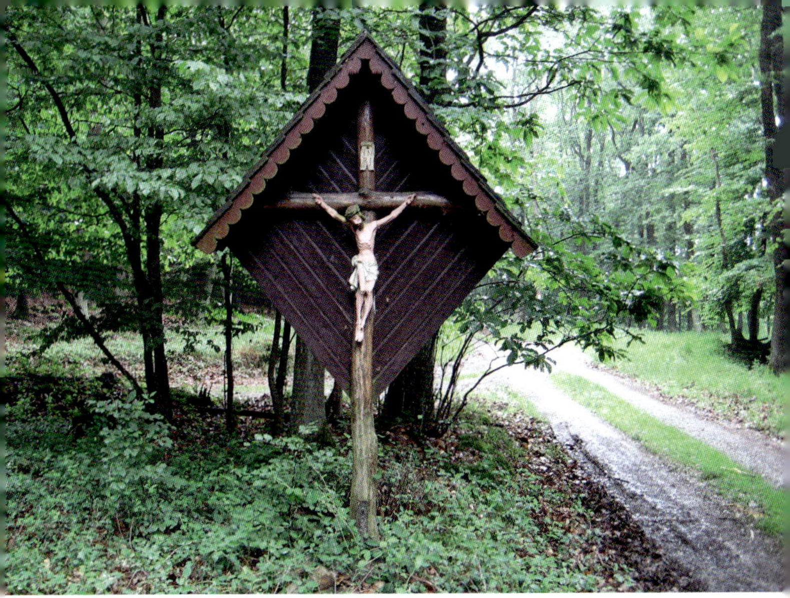

Wegekreuz an den Kölsche Wiesen

Kurz nach dem Turm biegen Sie an einem Wegkreuz nach links aufwärts und bleiben auf dem breiten Weg bis zur Schutzhütte Kölsche Wiesen ❼. Hier biegen Sie nach links ab und wenden sich an der ersten Kreuzung nach rechts in Richtung Trechtingshausen. An nachfolgender Kreuzung geht es geradeaus weiter in einen Hohlweg und entlang des Trechtingshausener Baches bis zu einem Fahrweg und einer kleinen Brücke. Hier biegen Sie nach links ab, gehen zunächst ein wenig bergauf, danach verlieren Sie auf dem breiten Schotterweg weiter an Höhe. An einem Brunnen mit Ruhebank stoßen Sie auf die Sooneckstraße, der Sie rechts nach **Trechtingshausen** folgen. Sie Überqueren die B9 mittels der Fußgängerampel, biegen in die Rheinstraße und direkt dahinter in die Ringgasse ein. Hinter dem Haus Nr. 3 erreichen Sie linker Hand die zumeist verschlossene katholische ✝ Pfarrkirche St. Clemens.

Trechtingshausen

🛏 ⛺ ✕ ☕ BANK ✝ 🚌 🚆 ⛴, 1.080 Ew.

🛏 Privatzimmer Gerlach, Römerstraße 27, 55413 Trechtingshausen, 100 m vom Weg entfernt, ☏ 067 21/65 59, ✉ fewo-gerlach@web.de, Gästezimmer: 1 Pers. € 35, 2 Pers. € 40, FeWo bis 4 Pers. ab € 95, nur Übernachtung

12. Etappe: Von Trechtingshausen nach Bingen

10,4 km, 3 Std. 30 Min., 402 m, 418 m, 79-305 m

0,0 km	97 m	Trechtingshausen
5,9 km	309 m	Damianskopf
10,4 km	83 m	Bingen (Basilika St. Martin)

Zum Abschluss des Linksrheinischen Jakobsweges werden Sie mit einer kurzen Etappe belohnt. Sie wandern zunächst ein kurzes Stück entlang der B9, biegen in das romantische Morgenbachtal ein, steigen mühsam den Eselspfad hinauf und haben danach ständig Sicht auf den Rhein. Mit Bingen erwartet Sie am Ende eine moderne Stadt mit einigen Sehenswürdigkeiten. Es gibt allerdings drei Passagen, die eine gewisse Trittsicherheit erfordern. Wer auf Nummer sicher gehen möchte, kann Bingen ab Trechtingshausen auch auf dem Fahrradweg entlang des Rheins nach rund 6 km erreichen.

Aufstieg über den Eselspfad

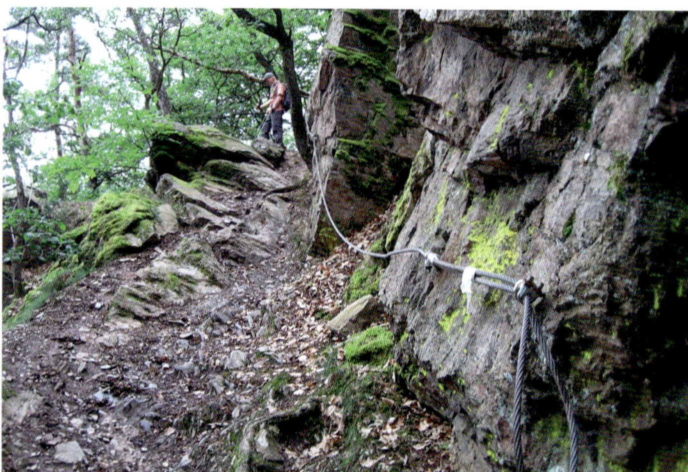

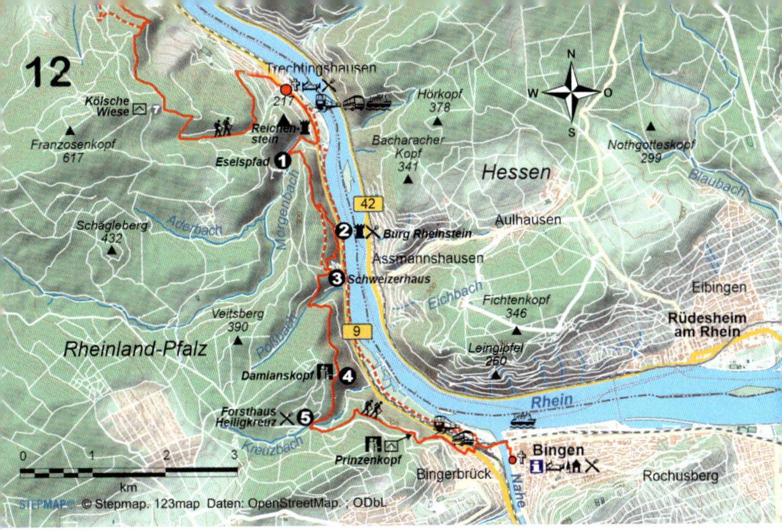

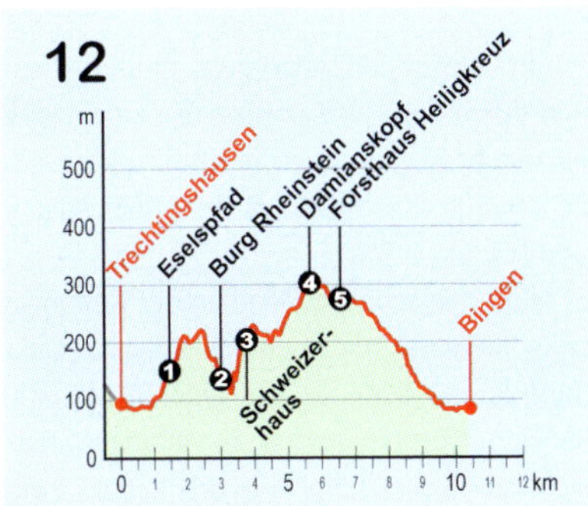

Sie beginnen die Etappe an der katholischen Pfarrkirche St. Clemens und gehen durch die Glockengasse bis zur B9, die Sie an einer ehemaligen Metzgerei erreichen. Wechseln Sie am folgenden Zebrastreifen die Straßenseite und bleiben Sie weiter an der Bundesstraße. Sie passieren zunächst eine Mitfahrerbank, danach den Aufgang zur Burg Reichenstein (Di-So 10:00-18:00, Eintritt € 8,50). Die Burg selbst erhebt sich rechts oberhalb von Ihrem Standort. Auf Höhe eines Wanderparkplatzes und hinter einem weiteren, aber verschlossenen Zugang zur Burg biegen Sie nach rechts in die Straße Am Morgenbach ab, die von zwei Häusern flankiert wird. Bleiben Sie auf dieser Straße, links von Ihnen rauscht der Morgenbach und rechts zeigt sich Ihnen Burg Reichenstein aus einer anderen Perspektive. Die Straße beschreibt anschließend eine Linkskurve und führt Sie geradewegs zu einem Gebäude. Dahinter nehmen Sie den links aufwärts führenden Pfad und steigen über achtzehn Treppenstufen hinauf zu einem Weg. Dort wenden Sie sich nach links und steigen dann über weitere Stufen rechts den Eselspfad hinauf ❶. Dabei handelt es sich um einen kurzen, aber heftigen Aufstieg über Schieferstufen.

An einer Stelle ist der schmale Pfad mit einem Stahlseil zur Unterstützung ausgestattet. Auf halber Höhe des Eselspfades können Sie an einer Ruhebank verschnaufen und noch einmal einen schönen Blick auf Burg Reichenstein erhaschen.

Ca. 100 m hinter dem Aussichtspunkt erreichen Sie ein Wegedreieck mit mehreren Wegweisern. Dort halten Sie sich links und gehen leicht abwärts. Auch an der nächsten Gabelung bleiben Sie auf dem linken Abzweig. Bleiben Sie auf dem Waldweg bis zur Kreuzung an einer Lichtung, wo sich rechts ein schief stehender Markierungsstein mit der Gravur „1037" und eine Ruhebank befinden.

Wenn Sie sich diesen Abschnitt nicht zutrauen, können Sie auch weiter geradeaus auf dem Weg verbleiben, der Sie deutlich entspannter bis zum Schweizerhaus bringt.

Hier biegen Sie scharf links ab und gehen in Serpentinen auf einem schmalen Pfad durch den Hang abwärts bis zu einem Aussichtspunkt, von dem Sie auf die andere Rheinseite nach Assmannshausen schauen können. Bald erreichen Sie die hinteren Mauern der Burg Rheinstein ❷ (⌘ ✕ ☕, täglich 9:30-18:00, Eintritt € 5).

Über den schmalen Pfad an der Burgmauer steigen Sie allmählich wieder aufwärts. Sie passieren einen Aussichtspunkt mit Blick auf das Binger Loch (eine Engstelle am Südende des Oberen Mittelrheintales), wandern an der nächsten Gabelung rechts aufwärts zur Waldgaststätte Schweizerhaus ❸, die momentan nach dem Biergartenprinzip arbeitet: Es werden Getränke verkauft, Speisen können mitgebracht oder vor Ort gegrillt werden (www.schweizerhaus-amrhein.de, die jeweiligen Öffnungszeiten entnehmen Sie bitte der Website). Folgen Sie dem breiten Weg am Schweizerhaus vorbei über freies Feld in den Wald hinein. An einer Gabelung biegen Sie links abwärts ab, überqueren den Poßbach und nehmen an einer Weggabelung den rechten Weg. Bald erreichen Sie eine Wegkreuzung, die zugleich der höchste Punkt der heutigen Etappe ist. Auf gar keinen Fall sollten Sie den Aussichtspunkt Damianskopf ❹ mit einem traumhaften Blick auf das Rheintal verpassen, der sich lediglich ca. 100 m von der Kreuzung entfernt befindet.

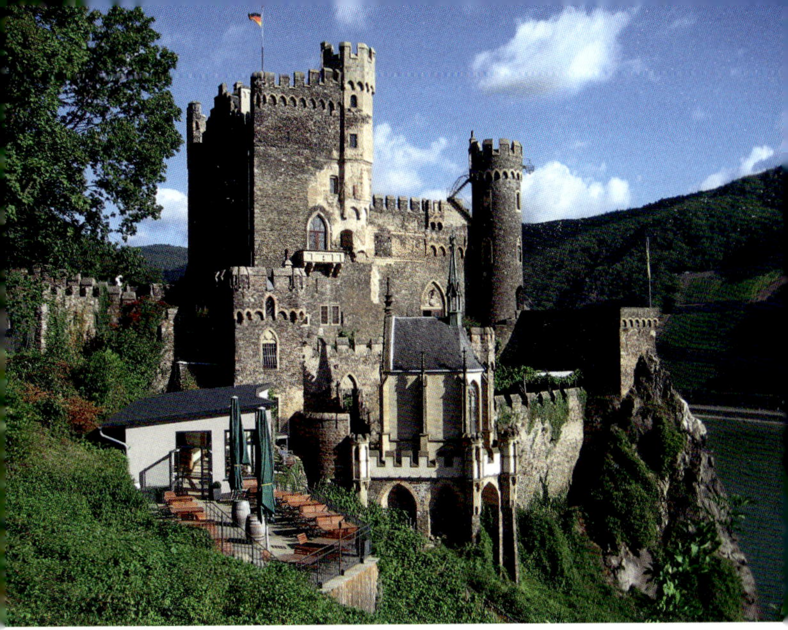

Burg Rheinstein

Von nun an geht es nur noch abwärts - zunächst geradeaus über die Kreuzung hinweg. Durch den Wald gelangen Sie zur ✕ ☕ Waldgaststätte Forsthaus Heiligkreuz ❺ (☏ 067 21/15 92 41, Mo-Sa ab 11:00, So u. Feiertage ab 10:00, Di Ruhetag) und überqueren den Parkplatz. Neben einer Hinweistafel führen einige Treppenstufen zu einem Waldweg, dem Sie nach links in Richtung Bingen folgen. Sie queren eine Kreuzung, treffen auf eine Fahrstraße und gehen entgegen der Einbahnstraße weiter. Nur 100 m weiter beginnt rechts oberhalb der Straße ein Waldpfad, auf dem Sie bis zu dem Aussichtspunkt und der Schutzhütte Prinzenkopf bleiben. Unterhalb der Hütte pilgern Sie auf der Straße links weiter und passieren einen Gedenkstein für den Förster Peter Demmel, der hier 1920 erschossen wurde. Unmittelbar hinter dem Gedenkstein laufen Sie durch ein paar Serpentinen über den Schlangenpfad (keine Angst, es gibt hier keine Schlangen) durch den Waldhang und erreichen hinter einem Wegweiser rechter Hand die Rhein-Nahe-Jugendherberge in der Herterstraße. In deren weiteren Verlauf passieren Sie die Grundschule am Mäuseturm, in der auch das Binger Stadtarchiv untergebracht ist.

Am Kirsch-Puricelli-Platz biegen Sie nach links ab und gehen über eine Treppe zur Koblenzer Straße (B9). Wenden Sie sich nach rechts und nutzen Sie den Fußgängersteg über die Bahngleise zu Ihrer Linken. Am Bahnhofsvorplatz geht es nach rechts in Richtung Stadtmitte weiter. An einer Ampel kommen Sie zur Bingerbrücker Straße und überqueren die Nahebrücke. Unmittelbar hinter der Brücke geht es über ein paar Treppenstufen auf den Parkplatz Gerbhausplatz, den Sie überqueren. Auf Höhe des Parkscheinautomaten gehen Sie nach links zur Stefan-George-Straße, der Sie nach recht folgen. Nutzen Sie die Fußgängerampel, um auf die andere Straßenseite zu gelangen. Ab hier sind es nur noch wenige Schritte bis zur ✝ ⊙ Basilika St. Martin, dem Ziel Ihrer Pilgerwanderung auf dem Linksrheinischen Jakobsweg. Den Pilgerstempel können Sie auch im gegenüberliegenden Pfarramt erhalten (Mo-Mi 9:30-12:30, Do 14:00-17:00).

☺ Bingen ist mittlerweile ein Drehkreuz der Jakobswege. Neben dem Linksrheinischen Jakobsweg endet hier der Camino von Mainz. Ihren Ausgangspunkt haben der **Jakobsweg Rheinhessen** nach Worms und der **Hunsrücker Jakobsweg** (Ausoniusweg) nach Trier auf der Burg Klopp.

Ausoniusweg von Carola Oberbillig, Conrad Stein Verlag ISBN 978-3-86686-745-1, € 12,90

Bingen

27.100 Ew.

Tourist-Information, Rheinkai 21, 55411 Bingen am Rhein, ☏ 067 21/18 42 05, tourist-information@bingen.de, www.bingen.de, Mo 9:00-18:00, Di-Do 9:00-16:00, Fr 9:00-13:00, ⊙

Rhein-Nahe-Jugendherberge, Herterstraße 51, Bingerbrück, 55411 Bingen am Rhein, am Weg, ☏ 067 21/321 63, bingen@diejugendherbergen.de, www.diejugendherbergen.de/bingen, Ü ab € 26 p. P., inkl. Frühstück

⌘ Historisches Museum am Strom, Museumsstraße 3, 55411 Bingen am Rhein, ☏ 067 21/18 43 53, www.bingen.de/de/4/historisches_museum.html, Di-So 10:00-17:00, Eintritt € 3. In dem Museum haben Sie die Gelegenheit, 2.000 Jahre Kultur und Geschichte am Rhein zu erleben. Im Mittelpunkt steht das Leben der Hildegard von Bingen, aber auch die weiteren Abteilungen Rheinromantik und Römerzeit sowie die Sonderausstellungen werden Sie begeistern.

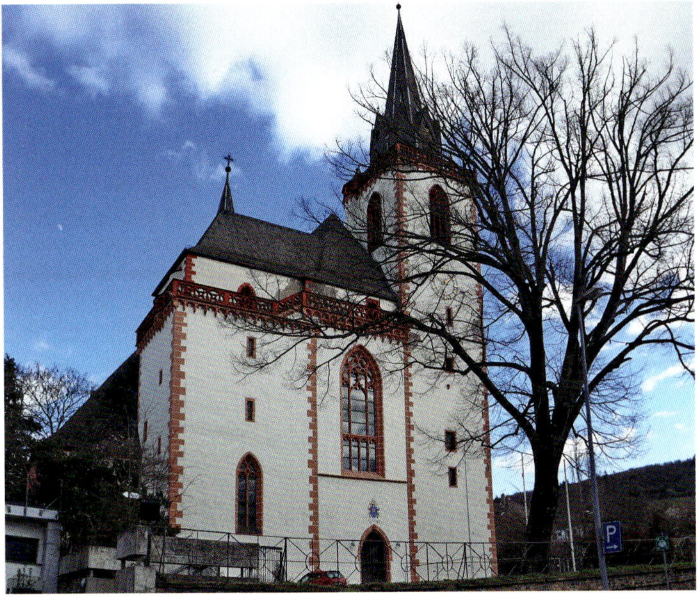

Basilika St. Martin

✝ ⊙ Basilika St. Martin

Dort, wo Sie heute die Basilika St. Martin vorfinden, hatten die Römer bereits vor Christi Geburt einen Tempel zu Ehren von Mercurius, dem Gott der Händler und Diebe, errichtet. Der genaue Zeitpunkt, wann eine erste christliche Kirche erbaut wurde, konnte bis heute noch nicht ermittelt werden. Erst 793 wird St. Martin in einem Schenkungsverzeichnis der Abtei Lorsch erwähnt, es wird jedoch vermutet, dass wesentlich früher mit dem Bau begonnen wurde. Die Krypta aus dem 11. Jh. zählt zu den ältesten noch erhaltenen Teilen. Im Mittelalter wurde die ursprünglich romanische Kirche mehrfach zerstört und wieder neu gebaut. Nach dem verheerenden Stadtbrand 1403 wurde die neue Kirche im Stil der Gotik gestaltet. 1930 erhob Papst Pius XI. St. Martin zur Basilica minor. Bei einer Bombardierung im Zweiten Weltkrieg trug das Gotteshaus so starke Schäden davon, dass Teile des Hochaltars und das Gewölbe des Hauptschiffes einstürzten und wiederaufgebaut werden mussten.

✝ St.-Rochus-Kapelle

Etwas außerhalb des Stadtkerns von Bingen befindet sich auf einer Anhöhe, dem Rochusberg, die St.-Rochus-Kapelle. Im Jahr 1666 erlebte Bingen eine katastrophale Pestepidemie. Die Krankheit gelangte wahrscheinlich durch die Handelsverbindungen über den Rhein aus den Niederlanden an die Nahe. Der Binger Rat ließ daraufhin eine Kapelle zu Ehren des hl. Rochus erbauen, der als Schutzheiliger der Pestkranken und später auch der Pilgerinnen und Pilger verehrt wird. Der Heilige wird oftmals mit Jakobus d. Ä. verwechselt, da auch er Stab und Jakobsmuschel bei sich trägt. Er wird jedoch zusätzlich in Begleitung eines Hundes und/oder eines Engels und mit einer Wunde am Bein dargestellt. Nach der Zerstörung 1795 wurde die neu aufgebaute Kapelle unter Anwesenheit von Johann Wolfgang von Goethe 1814 am Gedenktag des Heiligen, dem 16. August, eingeweiht. Durch einen Blitzschlag brannte die Kapelle 1889 bis auf die Grundmauern nieder und wurde sechs Jahre später erneut fertiggestellt.

Lange bevor sich die Römer in der Ebene vor dem Mittelrheintal niederließen, war die Region nachweisbar bereits besiedelt. Der Name der Stadt ist von dem keltischen Binge bzw. dem römischen Bingium abzuleiten und deutet auf die Untiefe im Rhein hin, das sogenannte Binger Loch. Die Römer wurden im 5. Jh. von den Franken abgelöst und schließlich übergab Kaiser Otto II. die Region an den Mainzer Erzbischof. 1098 erblickte die wohl berühmteste Persönlichkeit der Stadt das Licht der Welt (allerdings nicht in Bingen), die hl. Hildegard von Bingen.

Nach Streitigkeiten zwischen Kaiser und Erzbischof wurde die Stadt 1165 zerstört. In der Folgezeit versuchten die Binger, unabhängig zu werden. Ihre Freiheitsbestrebungen zeigten sich durch den Beitritt zum Rheinischen Städtebund, den Bau der Burg Klopp und die Teilnahme am Bauernkrieg zu Beginn des 16. Jh. Es half jedoch nichts, die Stadt konnte sich bis zum Einmarsch der Franzosen nicht von Mainz lösen.

Heute stellt Bingen das südliche „Eingangstor“ zum UNESCO-Weltkulturerbe Oberes Mittelrheintal dar. 2008 war Bingen Gastgeber der Landesgartenschau Rheinland-Pfalz. Die dazu genutzten Rheinanlagen wurden modernisiert und sind heute eine Erholungszone für Einheimische und Touristinnen und Touristen.

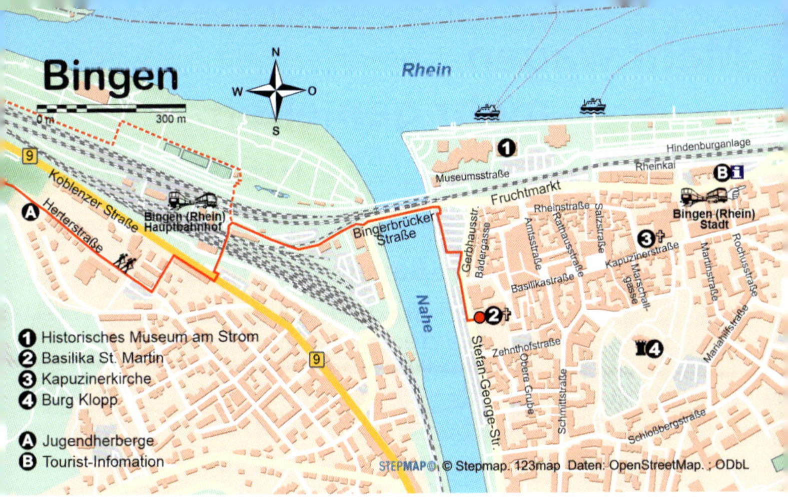

Hildegard von Bingen

Geboren wurde die große Visionärin des Mittelalters im Jahre 1098 als zehntes Kind ihrer Eltern wahrscheinlich in Bermersheim in der Nähe von Alzey. Den damaligen Gepflogenheiten zufolge wurde sie im achten Lebensjahr als „Zehnt für Gott" in die Obhut der Kirche übergeben und erhielt in der Klause von Jutta von Sponheim in Disibodenberg in der Nähe von Bad Sobernheim eine christliche Erziehung. Aus der Klause entstand ein Benediktinerinnenkloster, dessen Priorin Hildegard nach Juttas Tod wurde. Sie entschied sich allerdings schon bald, ein eigenes Kloster über dem Grab von Rupert von Bingen zu gründen. 1151 bezogen 18 Schwestern das Kloster, Hildegard wurde Äbtissin. 14 Jahre später gründete sie auf der anderen Rheinseite in Eibingen ein weiteres, heute noch bestehendes Kloster (Abtei St. Hildegard).

Sie betätigte sich auf unterschiedlichsten Feldern: Kunst, Wissenschaft und Medizin. Darüber hinaus mischte sie sich bemerkenswerterweise als Frau in der damaligen „Männerwelt" regelmäßig in politische Angelegenheiten ein und beriet z. B. Kaiser Barbarossa. Neben ihren noch heute bedeutenden Schriften sind zahlreiche Lieder und Texte erhalten geblieben. Sie starb in hohem Alter am 17. September 1179 in ihrem Kloster auf dem Rupertsberg. Nach mehreren Anläufen, Hildegard heiligzusprechen, wurde sie 2012 von Papst Benedikt XVI. in den Heiligenkalender aufgenommen (was allerdings immer noch keiner Heiligsprechung gleichzusetzen ist) und wenig später zur Kirchenlehrerin erhoben.

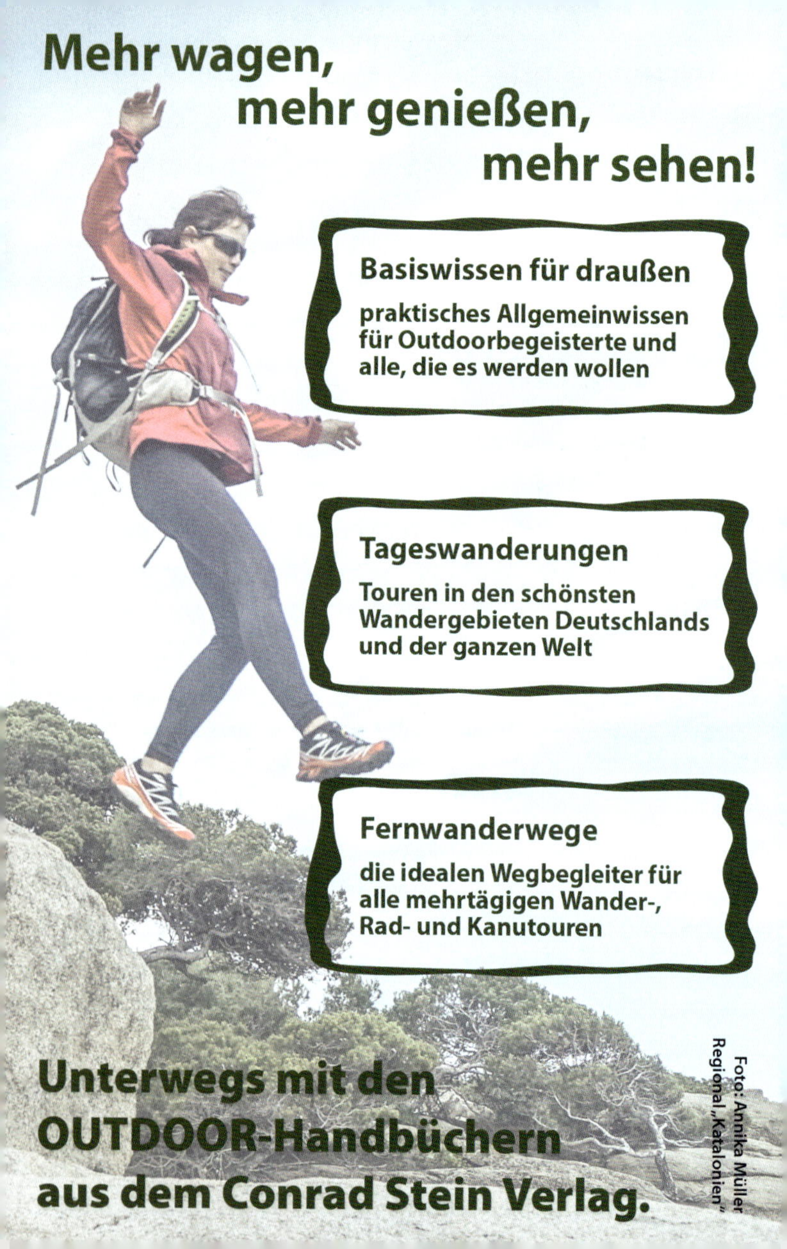
Mehr wagen,
mehr genießen,
mehr sehen!
Basiswissen für draußen
praktisches Allgemeinwissen für Outdoorbegeisterte und alle, die es werden wollen
Tageswanderungen
Touren in den schönsten Wandergebieten Deutschlands und der ganzen Welt
Fernwanderwege
die idealen Wegbegleiter für alle mehrtägigen Wander-, Rad- und Kanutouren
Unterwegs mit den OUTDOOR-Handbüchern aus dem Conrad Stein Verlag.
Foto: Annika Müller
Regional „Katalonien"

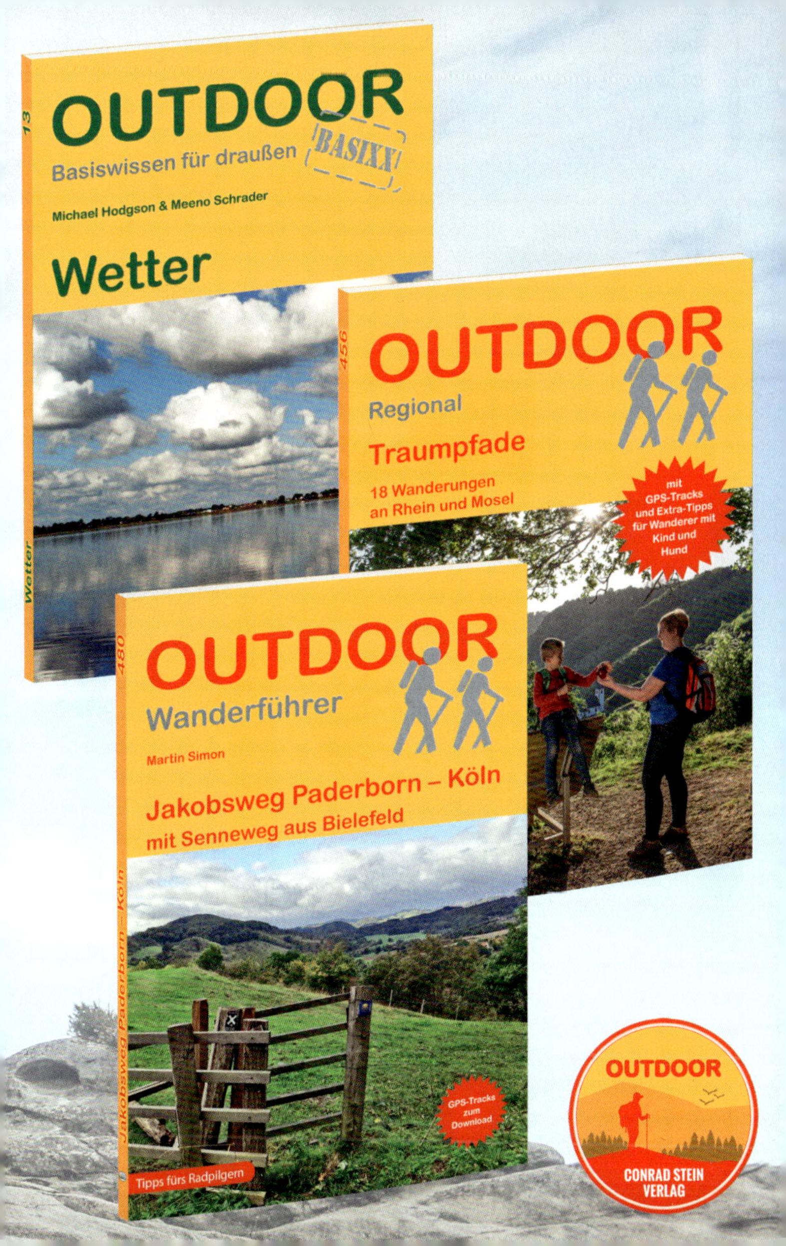
OUTDOOR
13
Basiswissen für draußen
BASIXX
Michael Hodgson & Meeno Schrader
Wetter
OUTDOOR
456
Regional
Traumpfade
18 Wanderungen an Rhein und Mosel
mit GPS-Tracks und Extra-Tipps für Wanderer mit Kind und Hund
OUTDOOR
480
Wanderführer
Martin Simon
Jakobsweg Paderborn – Köln
mit Senneweg aus Bielefeld
GPS-Tracks zum Download
Tipps fürs Radpilgern
Jakobsweg Paderborn – Köln
OUTDOOR
CONRAD STEIN VERLAG

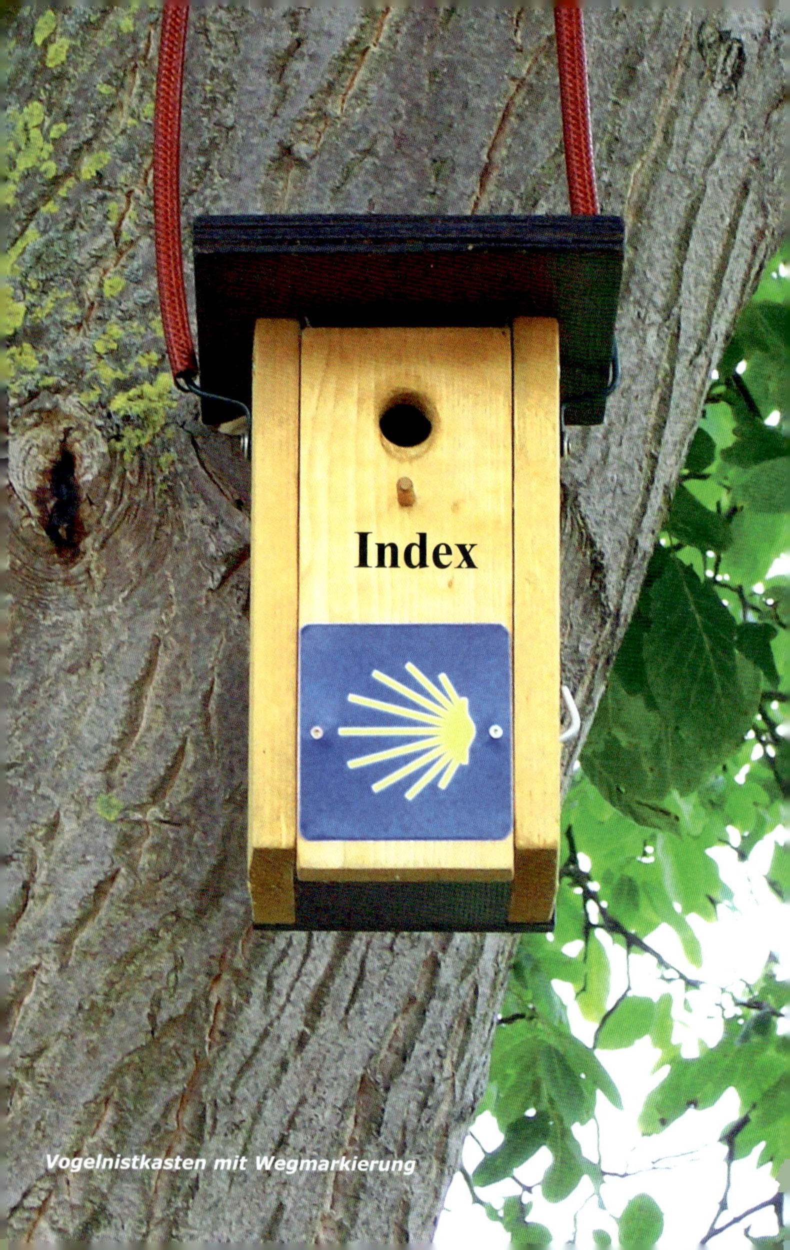

Vogelnistkasten mit Wegmarkierung